新时代推进经济高质量发展的实践与启示

——以新疆为例

陈俊科　著

中国财经出版传媒集团

经济科学出版社

Economic Science Press

图书在版编目（CIP）数据

新时代推进经济高质量发展的实践与启示：以新疆
为例／陈俊科著. -- 北京：经济科学出版社，2022.9
ISBN 978 - 7 - 5218 - 3970 - 8

Ⅰ. ①新…　Ⅱ. ①陈…　Ⅲ. ①区域经济发展 - 研究 -
新疆　Ⅳ. ①F127.45

中国版本图书馆 CIP 数据核字（2022）第 159614 号

责任编辑：吴　敏
责任校对：郑淑艳
责任印制：张佳裕

新时代推进经济高质量发展的实践与启示
——以新疆为例
陈俊科　著
经济科学出版社出版、发行　新华书店经销
社址：北京市海淀区阜成路甲 28 号　邮编：100142
总编部电话：010 - 88191217　发行部电话：010 - 88191522
网址：www. esp. com. cn
电子邮箱：esp@ esp. com. cn
天猫网店：经济科学出版社旗舰店
网址：http://jjkxcbs. tmall. com
北京季蜂印刷有限公司印装
710 × 1000　16 开　15.25 印张　250000 字
2022 年 10 月第 1 版　2022 年 10 月第 1 次印刷
ISBN 978 - 7 - 5218 - 3970 - 8　定价：68.00 元
（图书出现印装问题，本社负责调换。电话：010 - 88191510）
（版权所有　侵权必究　打击盗版　举报热线：010 - 88191661
QQ：2242791300　营销中心电话：010 - 88191537
电子邮箱：dbts@ esp. com. cn）

前　言

　　党的十九大以来，新疆维吾尔自治区（以下简称新疆）经济发展取得了历史性成就。进入新时代，自治区党委团结带领全区各族干部群众，坚持以习近平新时代中国特色社会主义思想为指导，贯彻落实新时代党的治疆方略，聚焦全区经济高质量发展，牢牢把握经济已转向高质量发展阶段这一基本特征，适应新时代、聚焦新目标、落实新部署，提出要立足新发展阶段，贯彻新发展理念，融入新发展格局，不断增强推动经济高质量发展的能力和水平，建设团结和谐、繁荣富裕、文明进步、安居乐业、生态良好的新时代中国特色社会主义新疆。

　　当前，新疆经济高质量发展面临着巨大机遇。党中央高度重视，关心关怀。以习近平同志为核心的党中央高度重视新疆工作，为做好新时代新疆工作、推动经济高质量发展指明了方向，提供了根本遵循。国家重大战略和政策机遇、"一带一路"倡议、乡村振兴战略、西部大开发等一系列战略部署和政策实施，为经济高质量发展注入强大动力。对口援疆工作不断深化，多省市对口援疆接续助力，在产业发展、科技支持、智力人才援助上持续聚焦发力，为经济高质量发展注入新活力。多种资源转化潜力巨大，新疆地域辽阔，矿产资源禀赋、旅游资源富集、要素资源充沛，生态环境和绿色有机农副产品优势明显，为经济高质量发展奠定坚实基础。稳定红利持续高效释放，新疆社会大局持续和谐稳定，各族干部群众对社会稳定和长治久安的信心明显增强，为经济高质量发展营造了良好环境。人心凝聚提振发展预期，新疆更多发展成果落实到改善民生和增进团结上，各族群众的获得感、幸福感、安全感不断增强，为经济高质量发展凝心力、聚合力、添动力。数字化融合发展的步伐加快，新疆加快数字赋能和动能转换，数字化新途径、新场景、新模式建设深度推进，为经济高质量发展开辟更大空间。

本书共分为4篇15章，分别从总体分析、特色发展、创新发展、对口援疆4个维度15个视角，围绕新时代新疆经济高质量发展的实践、成效、特色及启示，展开对新疆经济高质量发展的研究。本书写作过程中得到了新疆农业大学经济管理学院李敬博士的帮助，在此表示诚挚的感谢。由于本人水平有限，在写作过程中难免有所疏漏，恳请广大读者给予指正，以便后续研究成果能更加完善。

目　录

总体分析篇

特色发展篇

创新发展篇

对口援疆篇

总体分析篇

第一章
凝心聚力推进新疆经济高质量发展

　　只有在和平与稳定的环境下，才谈得上发展。稳定是一个国家乃至全球社会经济发展的必要前提。没有稳定，发展就不会稳固，也不会持久。在当前和今后的一个时期，我国发展仍然处于重要战略机遇期，但机遇和挑战都有新的发展变化。深刻认识错综复杂的国际环境带来的新矛盾和新挑战，准确把握发展环境所发生的新变化，才能增强机遇意识和风险意识，准确识变、科学应变、主动求变，保持战略定力，把握发展规律，更好统筹兼顾、精准施策，有效破解发展矛盾和难题，确保经济高质量发展顺利推进和目标的全面实现，从而为我国全面建设社会主义现代化国家开好局、起好步。

第一节　国际环境

世界面临多重重大挑战，全球治理持续承压。2020 年新冠肺炎疫情席卷全球，疫情仍将是今后一段时间影响国际安全的最突出挑战。据估计，全球疫苗需求巨大，而中短期内疫苗产能有限、缺口过大，且分配上"多寡不均"，大多数发展中国家的疫苗需求难以满足。此外，新冠肺炎疫情还打击全球粮食供应链，恶化中低层收入群体的生活条件。联合国警告，全球正处于 50 年来最严重的粮食危机的边缘。受新冠肺炎疫情的影响，世界经济重启艰难，债务危机"利剑高悬"。自疫情暴发以来，各国大规模出台货币宽松和财政救助措施，导致全球债务规模不断攀升，加大了债务和金融风险。同时，应对全球变暖刻不容缓，国际恐怖主义流毒远未肃清，网络信息安全问题日益凸显。

全球疫情助推多极，地缘冲突动荡。多极新格局在全球抗疫中已露轮廓。中、美、欧盟、俄的抗疫表现参差不齐：中国坚持以人民为中心，抗疫成效有目共睹，成为唯一正增长的主要经济体，化危为机，迎难而上。再加上经济、政治、社会等诸多因素，这四大力量的走势不一：美国政治内耗加剧，欧盟"压力山大"，俄罗斯负重前行，中国内外兼修、稳步复兴。同时，多方角逐令亚太不安，美对外聚焦亚太，企图强化对华地缘围堵；若干地区和国家间矛盾激化，易使冲突多点爆发。疫情持续导致多个发展中国家经济恶化、政局不稳，容易因选（举）生乱。欧亚地区多国将迎来选举，各国反对派利用民众不满，伺机而动。而多国因应对疫情而大幅增加财政开支，导致入不敷出，贫困、不平等和高失业率加剧，选举压力叠加经济困境，诱发多国社会动荡。

第二节　国内环境

2021 年是中国共产党成立 100 周年，也是"十四五"规划开局之年，中国开启了全面建设社会主义现代化国家新征程，向第二个百年奋斗目标迈进。

一、团结协作，推动全球共治

2021 年是中国恢复联合国合法席位 50 周年和加入世贸组织 20 周年，中国将维护联合国在国际事务中的核心地位和作用，支持增强世贸组织的有效性和权威性。积极参与世界卫生组织的"新冠肺炎疫苗实施计划"，推进国际抗疫合作，推动构建人类卫生健康共同体。办好昆明世界生物多样性大会，推动国际社会落实《巴黎协定》，通过自主节能减排等积极应对气候变化。积极运筹大国关系，均衡开展"多极外交"，深化中俄全面战略协作，加强两国各领域、各层级战略协调；增进中欧战略互信，在维护多边主义、坚持自由贸易、应对气候变化上凝聚共识，拓展数字、绿色等新兴领域的务实合作，加快落实中欧投资协定；着眼美国新政府上台，运筹中美"竞合"博弈，管控分歧与竞争，争取重开对话、重建互信。

二、运筹帷幄，破解对华围堵

积极运作"中美邻（邻国，亦即周边）"三边关系，多管齐下主动塑造"稳边塑圈"，破解区域大国以"印太战略"对华围堵企图。以上海合作组织成立 20 周年为契机，弘扬"上海精神"，推动区域全面经济伙伴关系协定（RCEP）尽快生效实施，推进中日韩三方互利合作，深化澜湄流域经济发展带建设。管控中邻领土争端，妥善应对地区热点，挫败美利用中邻矛盾、假手"美日印澳"四国机制拉帮结派搞"以邻制华"。

三、恢复经济，形势向好发展

2021 年上半年，我国经济持续稳定恢复，生产形势不断向好，发展动力持续激发，国内生产总值（GDP）同比增长 12.7%，两年平均增长 5.3%①。

---

① 因本书数据较多，多为宏观数据，且来源较为集中，书中不再单独标识数据来源。如无特殊说明，本书数据来源于《中国统计年鉴》《新疆统计年鉴》《中华人民共和国 2021 年国民经济和社会发展统计公报》《新疆维吾尔自治区 2021 年国民经济和社会发展统计公报》以及 2022 年新疆维吾尔自治区政府工作报告。

其中，第一产业增长 7.8%，两年平均增长 4.3%；第二产业增长 14.8%，两年平均增长 6.1%；第三产业增长 11.8%，两年平均增长 4.9%。2021 年上半年，夏粮再获丰收，增产近 30 亿公斤，畜牧业生产稳定增长，主要农产品市场供给充足，农产品价格总体平稳。农业经济形势总体保持稳中向好态势，为全面推进乡村振兴、加快农业农村现代化提供有力支撑。工业经济继续稳定恢复，产能利用率为 77.9%，处于近年较高水平，出口保持快速增长，企业效益改善，超八成行业和产品实现增长。2021 年 1~6 月，全国规模以上工业增加值同比增长 15.9%，两年平均增长 7.0%，比第一季度加快 0.2 个百分点，增速略高于疫情前水平。服务业经济延续稳步恢复态势，新动能增势显著，幸福产业恢复向好，企业经营预期乐观。服务业增加值同比增长 11.8%，两年平均增长 4.9%。服务业增加值占国内生产总值比重为 55.7%，对国民经济增长的贡献率为 53.0%，拉动国内生产总值增长 6.7 个百分点。

四、接续遏贫，民生持续改善

脱贫攻坚战取得了全面胜利，中国完成了消除绝对贫困的艰巨任务。脱贫摘帽不是终点，而是新生活新奋斗的起点。打赢脱贫攻坚战，为全面建设社会主义现代化国家、实现第二个百年奋斗目标奠定了坚实基础。中国将持续巩固拓展脱贫攻坚成果，做好同乡村振兴有效衔接，实现"三农"工作重心的历史性转移。2021 年上半年，全国居民收入延续恢复性增长态势，农村居民收入增速快于城镇居民，工资性收入较快增长，居民消费支出恢复性反弹，服务性消费支出占比有所改善。与 2019 年同期相比，居民人均可支配收入两年平均名义增长 7.4%，扣除价格因素影响，两年平均实际增长 5.2%。党中央始终坚持以人民为中心的发展思想，抓住人民最关心最直接最现实的利益问题，不断保障和改善民生，促进社会公平正义，在更高水平上实现幼有所育、学有所教、劳有所得、病有所医、老有所养、住有所居、弱有所扶，让发展成果更多更公平惠及全体人民，不断促进人的全面发展，朝着实现全体人民共同富裕不断迈进。

五、全面转型，波动因素增多

新时代的中国现代化发展正处于从中等收入国家向高收入国家迈进的关

键时期，在基本实现现代化和建设现代化强国的征途之中，容易出现经济增长速度回落、社会贫富分化加大、政治腐败现象增多、生态环境遭到破坏等所谓"中等收入陷阱""不可持续性发展"现象，以及由此而触发的社会不稳定问题，加之中国仍然处于从传统社会向现代社会的全方位转型过程之中，社会结构的深刻变动、利益格局的巨大调整、思想观念的深刻变化，以及国内民族宗教问题、国外对中国的遏制等问题的影响，都容易诱发社会不稳定。

第三节 总体成效

2021 年，在以习近平同志为核心的党中央的坚强领导下，全区上下坚持以习近平新时代中国特色社会主义思想为指导，深入贯彻党的十九大和十九届历次全会精神，完整准确贯彻新时代党的治疆方略，立足新发展阶段、完整准确全面贯彻新发展理念、服务和融入新发展格局，统筹疫情防控和经济社会发展、统筹发展和安全，全区经济运行总体平稳，经济实力进一步增强，农业生产再创佳绩，工业生产稳中有进，固定资产投资较快增长，就业形势保持稳定，人民生活持续改善，主要指标超额完成目标任务，实现"十四五"良好开局。

一、综合经济实力再上新台阶

2021 年，全年实现地区生产总值（GDP）15983.65 亿元，比上年增长7.0%，两年平均增长 5.2%。其中：第一产业增加值 2356.06 亿元，比上年增长 7.9%；第二产业增加值 5967.36 亿元，增长 6.7%；第三产业增加值7660.23 亿元，增长 6.9%。第一产业增加值占地区生产总值比重为 14.7%，第二产业增加值的比重为 37.4%，第三产业增加值的比重为 47.9%。全年人均地区生产总值 61725 元，比上年增长 6.3%。全年社会消费品零售总额3584.62 亿元，比上年增长 17.0%。全年货物进出口总额 242.98 亿美元，比上年增长 13.7%。扣除价格因素，全年全体居民人均可支配收入 26075 元，比上年增长 8.1%。其中，城镇居民人均可支配收入 37642 元，比上年增长6.7%。农村居民人均可支配收入 15575 元，比上年增长 9.5%。

二、产业赋能发展提质增效

2021 年，加快构建现代化经济体系，保持了经济健康较快发展。以粮、棉、果、畜为代表的现代农业进入高效优质发展阶段，粮食总产量 1735.8 万吨，增长 9.62%，创 5 年新高；棉花实现质量效益"双提升"，总产达 512.9 万吨，占全国的 89.5%；畜牧业生产快速增长，猪牛羊禽肉、牛奶、禽蛋产量分别增长 16.1%、5.75%、2%；蔬菜种植面积达 300 万亩，产量达到 900 万吨以上，冬春蔬菜自给能力不断提升。劳动密集型产业不断壮大，纺织服装企业产销两旺，工业增加值增长 20%，新增就业 9.95 万人；全区劳动密集型企业达到 7500 多家，其中规模以上企业 2000 多家，产业增加值增长 12.4%。资源密集型产业加快发展，原煤产量增长 18.3%，疆煤外运量增长 59.3%，全社会电力供应总量增长 13.58%，其中新能源占比达到 19.8%，外送电量 1159 亿千瓦时，增长 20.7%，为全国能源供应作出重要贡献。战略性新兴产业呈现快速发展势头，光伏硅基新材料产量 46.94 万吨，增长 30.9%，多晶硅产量占全国 58%。旅游业加速恢复，接待旅游人数 1.91 亿人次，增长 20.52%，实现旅游收入 1415.69 亿元，增长 42.69%。

三、基础设施建设加快推进

2021 年，新疆基础设施建设进一步加快，涉及的水利、能源、网络、交通等一批项目推进实施。阿尔塔什、大石门等 9 项重大水利工程基本建成并发挥效益。750 千伏吐鲁番—库车Ⅱ回、库车—阿克苏—巴楚Ⅱ回、莎车—和田Ⅱ回等输变电工程建成投运，南疆地区供电保障能力显著提升。全区电力装机容量 1.15 亿千瓦，其中清洁能源装机占比超过 40%。新型基础设施加快建设，5G 网络基本覆盖县级以上城区，光纤网络实现行政村全覆盖。昭苏机场、塔什库尔干机场、阿拉尔机场基本建成，民用机场总数将达到 25 个。铁路通达所有地（州、市），覆盖全区 80% 以上的县级行政区。全区新增高速（一级）公路超过 1800 公里，总里程突破 9400 公里，新增通高速（一级）公路的县市 11 个，总数达到 91 个。新建改建农村公路 9000 多公里。第二条进出新疆公路大通道——京新高速全线贯通，进京里程缩短 1300 多公里，北疆首条沙漠高速公路——阿勒泰至乌鲁木齐高速公路建成投运，里程缩短200 公里。尉犁—若羌、若羌—民丰高速公路建成通车，标志着环塔里木盆地高速（一级）公路圈基本建成。"疆内环环起来、进出疆快起来"目标取得重大进展。

四、改革开放持续深化

2021 年，丝绸之路经济带核心区建设迈出重要步伐，霍尔果斯、阿拉山口口岸过货能力显著提升，过境中欧（中亚）班列 12210 列，增长 21.5%，始发中欧（中亚）班列 1185 列，增长 7.3%。喀什、霍尔果斯经济开发区固定资产投资分别增长 40.8%、75%，招商引资到位资金分别增长 75.2%、51%，"两区"改革发展步入快车道。塔城重点开发开放试验区启动建设，已开工 45 个重点项目、完成投资 26.37 亿元。"放管服"改革深入推进，深化行政审批、"证照分离"等改革，工程建设项目平均审批用时由 2020 年的120 个工作日压缩到 85 个工作日以内。营商环境不断优化，落实区外招商引资项目 5134 个，引进区外到位资金 5429.9 亿元，增长 35.7%。全疆统一的"12345"政务服务热线和自治区"互联网＋督查"平台上线运行，便捷高效回应和解决群众关切。户籍迁移、医保结算、公积金业务、养老保险转移接续等一批关系老百姓切身利益的政务服务事项实现"一网通办""跨省通办"，极大地方便了各族群众。

五、人民生活持续改善

持续加大民生投入，2021 年民生支出 3982.3 亿元，占一般公共预算支出的 73.7%。城乡居民人均可支配收入分别增长 8% 和 10.8%。就业形势持续向好，实现城镇新增就业 47.7 万人，农村劳动力转移就业 317.4 万人次，超额完成全年目标任务。开展各类职业技能培训 221.4 万人次，比上年增长79.85%。教育质量不断提升，实现适龄儿童和青少年就学全覆盖、国家通用语言文字教学全覆盖，全域通过国家义务教育基本均衡评估认定，学前教育毛入园率、九年义务教育巩固率、高中阶段毛入学率分别达到 98.19%、95.69%、98.87%。在全国率先试行农村户籍人员在所在地公立医院"先诊疗、后付费"一站式结算。农村人居环境整治全面推进,农村厕所革命有序推进,完成1000个村庄绿化美化。完成"煤改电"最后28.7万户建设任务,"煤改电"(一期)工程全面完成,南疆89.2万户农牧民用上了清洁能源。

六、中华民族共同体意识显著增强

深入实施文化润疆工程,创作出电影《花儿为什么这样红》、话剧《金色的胡杨》等精品力作,全区上下爱党爱国爱社会主义的时代主旋律更加高昂、正能量更加充盈。各民族交往交流交融的情感纽带更加牢固,平等团结互助和谐的社会主义民族关系更加巩固,涌现出爱国护边、舍己救人的"时代楷模"拉齐尼·巴依卡和与时间赛跑、为生命接力救助维吾尔族断臂男孩的先进典型群体。新疆各民族和睦相处、和衷共济、和谐发展,凝聚起了"共同团结奋斗、共同繁荣发展"的磅礴力量。

七、社会大局持续和谐稳定

全面推进反恐维稳法治化常态化,新疆社会大局正从"由乱到稳"向"由稳到治"迈进。截至2021年底,新疆已连续5年无暴恐案件,刑事案件、治安案件、公共安全事件持续下降,实现了新疆各族人民多年来对平安稳定的渴望与期盼,各族群众的安全感、对社会稳定和长治久安的信心持续增强。新疆越来越成为中外游客眼中治安管理最好、社会环境最安全的地方。稳定和谐的社会环境为经济社会发展提供了坚强有力的保障。

第二章
多措并举推进新疆农业高质量发展

　　农业发展是乡村振兴的基础，加强农业建设，以城乡统筹发展为基础，整合区域农业资源优势，大力推进农业供给侧结构性改革，实现传统农业到现代化农业的有效转变。以"产业兴旺、生态宜居、乡风文明、治理有效、生活富裕"为总要求，致力于"强"农业、"美"乡村、"富"农民，推动农业全面升级、农村全面进步、农民全面发展。实现高质量发展是新疆经济社会发展历史、实践和理论的统一，是开启全面建设社会主义现代化国家新征程、实现第二个百年奋斗目标的根本路径。民族要复兴，乡村必振兴，产业是关键，全面谋发展。2021年是"十四五"开局之年，步入新的时代，新疆持续深化农业供给侧结构性改革，持续推进稳粮、优棉、强果、兴畜、促特色，着力调整农业生产结构和生产力布局，不断推动农业由"量"向"质"转变，加快促进农业由"独"向"融"发展，农产品有效供给水平和质量进一步提高，产业发展布局进一步优化，产业发展效益更加凸显，产业融合更加多元，创新要素驱动动能转变，农业高质量发展开始驶入"快车道"，锚定方向、"快马加鞭"。

第一节　新疆农业高质量发展形势分析

2021 年是"十四五"开局之年，新疆坚持以习近平新时代中国特色社会主义思想为指导，深入贯彻党的十九大和十九届历次全会精神，贯彻落实习近平总书记"七一"重要讲话精神，贯彻落实中央民族工作会议和第三次中央新疆工作座谈会精神特别是习近平总书记重要讲话精神，完整准确贯彻新时代党的治疆方略，增强"四个意识"、坚定"四个自信"、做到"两个维护"，全面贯彻党的基本理论、基本路线、基本方略，贯彻落实自治区第十次党代会精神，牢牢扭住社会稳定和长治久安总目标，坚持稳中求进工作总基调，统筹抓好社会稳定、常态化疫情防控、安全生产和高质量发展，新疆经济呈现"高开稳走、稳中有进、进中固基"的良好发展态势。自治区党委、人民政府坚持农业农村优先发展总方针，各地各部门以实施乡村振兴战略为总抓手，接续推进巩固拓展脱贫攻坚成果与乡村振兴有效衔接，围绕《自治区农业农村系统 2021 年重点工作任务清单》，扎实推进"三农"各项工作。

2021 年，世界百年未有之大变局深刻演化，国际贸易保护主义愈演愈烈，经济全球化遭遇逆流，新冠肺炎疫情持续传播、影响广泛深远，经济下行压力持续加大，内外部环境的不确定性、不稳定性明显增强，以美国为首的西方反华势力对新疆棉花、番茄等农产品生产销售进行大肆污蔑和无理指责，消极作用加速向"三农"领域传导。新疆积极应对内外环境变化，持续深化农业供给侧结构性改革，加快推进稳粮、优棉、强果、兴畜、促特色，着力调整农业生产结构和生产力布局，不断推动农业由增产向提质导向转变，进一步提高了农产品有效供给水平和质量，农业实现总体增长态势良好，农业产业结构持续优化，产业体系构建初见成效，特色化发展重点更加明显，以农融合多产业蓬勃发展。农业农村持续健康发展，农民获得感、幸福感、安全感更多，朝着实现共同富裕的目标不断迈进。

一、农业产业结构不断优化

2021 年，新疆实现地区生产总值（GDP）15983.65 亿元，完成 GDP 增量2186.07亿元，按可比价计算，比上年增长7.0%，两年平均增长5.2%，两年平均增速较全国平均水平（5.1%）高0.1个百分点，地区生产总值绝对量和增速在西北五省区①中分别位居第二和第一。其中，第一产业增加值2356.06亿元（居西北五省区第二位，略低于陕西省），增长7.9%；第二产业增加值5967.36亿元，增长6.7%；第三产业增加值7660.23亿元，增长6.9%。三次产业对经济的贡献率分别为16.3%、33.2%和50.5%，分别拉动地区生产总值增长1.1个、2.3个和3.6个百分点。2021年，全区农林牧渔业总产值为5143.12亿元，按可比价计算，比上年增长8.8%，高出全国平均增速（7.1%）1.7个百分点，增速创23年来新高；两年平均增长6.7%。其中：农业产值3488.99亿元，增长7.4%；林业产值79.12亿元，增长8.1%；畜牧业产值1265.69亿元，增长13.4%；渔业产值35.95亿元，增长16.8%；农林牧渔专业及辅助性活动产值273.38亿元，增长8.4%。

二、农产品产出稳定增长

一是粮棉生产喜获丰产。自治区坚持"区内平衡、略有结余"方针，着力优化区域布局和品种结构，加快推进粮食生产功能区建设，确保粮食安全。2021年，新疆新增高标准农田近500万亩，粮食播种面积为3557.50万亩，较上年增长6.3%；粮食产量再创新高，实现"十八连丰"，粮食总产量1735.80万吨，增长9.6%；粮食单产487.92公斤/亩，增长3.1%。夏粮实现大丰收，产量增长9.9%；秋粮"三增"成效明显，产量增长9.5%。其中，小麦、玉米产量大幅增长，小麦产量增长7.6%；玉米播种面积约占秋粮总种植面积的90%，产量增长13.0%，"吨粮田"种植质量和效益表现突出。

二是棉花生产稳中有增。自治区着力推进棉花全产业链持续健康发展，强化收购加工等环节质量管控，明确布局向优势棉区集中，优化棉花品种结构，提高棉花品质，推动优质棉花品牌建设，实现资源共享、优势互补、融合发展。继续发扬优质棉花产业在经济发展中的支柱产业地位，不断促进农民增收，壮大成为农民增收致富的民生产业，"世界棉花看中国，中国棉花

---

① 西北五省区包括陕西省、甘肃省、青海省、宁夏回族自治区、新疆维吾尔自治区。

看新疆"格局进一步巩固。2021 年,新疆棉花种植面积 3759.10 万亩,比上年增长 0.2%;棉花产量为 512.85 万吨,占全国比重接近九成,比上年提高 2.2 个百分点。新疆(地方)机采棉种植面积突破 1800 万亩。截至 11 月中旬,新疆已累计收购籽棉(细绒棉)1282.79 万吨,累计加工皮棉 225.24 万吨,单产水平继续领跑世界平均水平;籽棉平均收购价保持高位运行,高于上年同期水平。棉花机采率较上年稳步提升,新疆(含新疆生产建设兵团)棉花机采率在 80% 以上。其中,北疆地区机采率接近 100%,南疆地区加快小农经营向集约规模化经营转变,机采率突破 60%。

三是畜牧业生产总体向好。《自治区农区畜牧业振兴三年行动方案(2020~2022 年)》持续推进实施,畜牧业高质量发展加快推进,综合生产能力持续提升。畜禽存栏出栏量均保持增长,2021 年新疆猪牛羊存栏 5622.00 万头(只),比上年增长 10.8%。其中:猪、牛、羊、活家禽存栏量分别增长 16.1%、16.7%、9.5%、27.2%。主要畜产品产量持续增长,2021 年新疆猪牛羊禽肉产量 183.10 万吨,比上年同期增长 16.1%。其中:猪肉产量增长 32.9%,牛肉产量增长 10.3%,羊肉产量增长 6.1%,禽肉产量增长 26.7%;禽蛋产量 40.98 万吨,增长 2.1%;生牛奶产量 211.53 万吨,增长 5.7%。

四是林果业持续提质增效。新疆坚持以供给侧结构性改革为主线,围绕林果业产业化、标准化、品牌化和信息化建设重点,积极促进林果业高质量发展。环塔里木盆地林果主产区、天山北坡林果产业带、伊犁河谷林果产业带和吐哈盆地林果产业带"一区三带"发展格局基本形成;领导干部、技术人员和示范农户"三位一体"林果示范园建设管理机制更加健全;林果业布局优化明朗,果品品质持续提升,科技驱动逐渐凸显。2021 年,新疆新增林果面积 18 万亩,基本稳定在 2200 万亩左右,红枣、杏、葡萄种植面积和产量均居全国榜首。持续通过林果业提质增效工程唱响特色林果业"金字招牌"。线上线下"两载体"、疆内疆外"两张网"同步融合建设,收购网实现主产区全覆盖,主要电商平台均有政府、企业或个体经营者进驻推介销售商品,疆外林果销售网点达 10000 多个。

五是特色农业蓬勃发展。加快传统农业改造提升、促进优势农业发展壮大、挖掘未来农业增特色,把特色农业发展成为促进农民增收的大产业。环塔里木盆地、吐哈盆地、天山北坡、伊犁河谷、塔额盆地和额尔齐斯河流域特色农产品优势区加快建设,新优品种多元引进、培育新品,累计引进新优品种 200 余个，葡萄、新梅、樱桃、无花果等名优特新果品种植稳步推进，种植面积近 50 万亩；果、肉、干、奶、汁、酱、粉、饼等新农品逐步铺开，农副产品深加工转化能力不断增强，新品开发达数百种。新特产业多元融合、模式创新，千方百计加快"农工商文旅"融合发展，围绕农业观光、农耕体验、休闲养生、乡村漫游、创意制作、旅游购物等农家休闲旅游系列打造产品，重点发展一批特色品尝型、农事参与型、垂钓休闲型、果实采摘型及制作体验型等特色农家乐，不断开辟居民增收新空间。

三、壮大龙头企业促加工

紧扣农业（精）深加工短板不足发力，以培优扶壮产业龙头企业为重点，全力抓好农产品加工业，促进农业全链化发展。抓龙头企业培育，建强乡村产业发展"新雁阵"。截至 2021 年底，新疆农产品加工企业 1 万多家，新增 2 个国家级现代农业产业园、3 个农业现代化示范区、16 家国家级农业产业化龙头企业，国家级重点龙头企业总数达 57 家。围绕县域经济发展，进一步聚焦特色优势产业，主打特色农业致富产业，着力培优龙头后备力量，产业延链、补链、强链稳步推进，龙头企业带动作用不断提升。2021 年，新疆（地方）县级以上龙头企业总数达 1151 家，农业产业化自治区重点龙头企业达 514 家，在库尔勒香梨、薄皮核桃、红枣等优势特色产业集群的基础上，又新增新疆伊犁马产业、新疆葡萄产业、新疆兵团军垦奶业产业 3 个优势特色产业集群。科企合作深入推进，产学研转化更加精细。科研单位和企业双方对接更加顺畅，围绕玉米、葡萄酒、特色林果产业、畜牧等领域签署更多合作战略意向。产销对接持续推动、县域商业逐渐活跃，农产品加工持续助力乡村振兴发展和共同富裕。2021 年，新增 5 家经认证经营者（AEO）认证的企业，总数量增至 31 家，新疆"县有加工园区、乡镇有加工集聚区、村有加工车间"的农业产业发展新格局加速形成，农村居民人均可支配收入增长 10.8%。

四、农业绿色发展加快推进

2021 年以来，新疆继续围绕发展有机、绿色、生态农业，持续推进农业投入品减量化、生产清洁化、废弃物资源化，推进农业绿色发展。农业领域突出环境问题加强治理，确保实现化肥农药施用量零增长；生物安全屏障持续巩固，重大动物疫情严防发生；农业绿色防控水平进一步提高，病虫害防治农药用量进一步减少。截至 2021 年，新疆主要农作物防控覆盖率已达 30% 以上，重大动物疫病免疫密度达到 90% 以上，气象灾害预警信息进村入户渠道畅通健全，建设完成 14 个绿色防控与统防统治融合示范区。围绕农业高质量发展标准体系积极推行标准化生产，着力推动绿色标准生产技术应用普及。持续增加绿色优质农产品供给，进一步加强农产品品牌建设，不断丰富"互联网＋绿色食品、有机农产品""展会＋绿色食品、有机农产品"等创新模式，绿色优质农产品影响力、竞争力不断增强。2021 年，新疆（含兵团）创建全国绿色食品原料标准化生产基地 82 个，奖励绿色食品企业 49 家、奖励农产品地理标志农产品 5 个。

五、产业融合示范蓬勃发展

2021 年以来，自治区农村三产融合持续深化，新业态新模式蓬勃发展。持续深入推进农村一二三产业融合发展，休闲农业、乡村旅游、农村电商、生态康养等新兴业态实现快速发展。乡村产业融合加快发展，逐渐成为乡村产业振兴发展的"新引擎"。围绕打造"新疆是个好地方"区域公共品牌，培育各类乡村旅游产业发展精品。截至 2021 年，新疆已打造 6 个全国乡村旅游重点镇（乡）、67 个全国乡村旅游重点村，形成并推介了一批精品农庄、精品旅游线路和旅游民宿。产业融合发展带动乡村消费成效明显。2021 年，新疆乡村实现消费品零售总额 491.16 亿元，增长 16.8%，增速比上年提高 30.6 个百分点。尼勒克县、霍城县、福海县、第十三师红星一场成功入选第三批国家农村产业融合发展示范园创建名单，并积极推进创建。乡村旅游转型发展大力推进，新源县那拉提镇、木垒哈萨克自治县英格堡乡、布尔津县禾木哈纳斯蒙古族乡、可克达拉市 71 团、北屯市 185 团、头屯河农场等乡镇团场入选第一批全国乡村旅游重点镇（乡）名单；哈巴河县铁热克提乡白哈巴村、吉木乃县托斯特乡塔斯特村（石头村）、新源县那拉提镇拜依盖托别村、昌吉市六工镇十三户村、克拉玛依市乌尔禾区乌尔禾镇查干草村、吐鲁番市高昌区葡萄镇巴格日社区、阿拉尔市 16 团 1 连、铁门关市 27 团 8 连、五家渠市红旗农场 11 连、161 团 8 连、昆玉市皮山农场 1 连等村庄连队入选第三批全国乡村旅游重点村名单。

六、完善水利基础设施支撑

加快推进重大水利设施建设，重点围绕水利枢纽、骨干工程和大中型灌区续建配套工程与节水改造工程开展水利基础设施建设，提升水利保障能力，增强防灾减灾水平，巩固农业高质量发展水利设施基础。2021 年，一大批水利重大基础设施项目加快建设，进一步提高了水利供给质量和效率，有力支撑了新疆农业高质量发展。重大水利工程建设全面提速，加快推进阿尔塔什、大石门、玉龙喀什、风城水库至三坪水库输水管道工程、温宿县台兰河洼地水库、库尔干水利枢纽工程、塔城市锡伯图水库、中型灌区续建配套与节水改造及牧区水利工程等重大引调水和重点水源工程建设，续建工程持续加快建设；阿图什市乔诺水库工程、"和墨洛昆"联合供水工程、岳普湖县城乡一体化供水工程等重点水利储备项目前期工作扎实推进。2021 年前三季度，新疆基础设施行业完成投资比上年同期增长 13.0%，其中水利、环境和公共设施管理业投资增长 14.3%。水利基础设施建设，使灌区引领示范、典型带动效应进一步增强。2021 年，改善 361 万亩灌区，新疆温宿县台兰河灌区被评定为"国家灌区水效领跑者"（全国共 15 家）。

第二节　新疆农业高质量发展的重点

一、增强农业助力能力，巩固拓展脱贫攻坚成果

农业农村农民问题是关系国计民生的根本性问题，解决好"三农"问题是全党工作的重中之重。消除贫困、改善民生、实现共同富裕是社会主义的本质要求；精准扶贫、巩固脱贫攻坚成果，加快促进与乡村振兴有效衔接，是中国特色反贫困事业的伟大胜利和重要举措。党中央把巩固拓展脱贫攻坚成果摆在头等重要的位置，新疆各级党委、人民政府始终把脱贫攻坚战摆在治国理政的突出位置，作为重大政治任务和第一民生工程，聚焦补短板、强

弱项、守底线，举全区之力、集各方之智，分类推进、精准施策、强力推进脱贫攻坚成果巩固提升。2021 年，新疆全力推进巩固拓展脱贫攻坚成果同乡村振兴有效衔接，坚持将衔接资金继续向脱贫县重点倾斜。截至 2021 年 9 月底，新疆共计安排 388.22 亿元衔接资金用于巩固脱贫攻坚成果。其中，32.62 亿元用于 10.19 万农户小额信贷。新增发行地方债券和下达涉农整合资金，扎实做好了 16.88 万易地扶贫搬迁人口后续扶持和 108.23 万脱贫人口的稳定就业问题。同时，衔接资金覆盖面进一步扩大，由原来的 79 个县市扩展到新疆有乡村人口的所有县市。农村社会保障水平进一步提升，农村低保标准涨幅 12%，达到每人每年不低于 4600 元。

二、完善农业科技服务，构建现代农业支撑体系

完善农技推广服务体系。按照"强化公益性职能、放活经营性服务"的原则，不断完善农业科技推广体系。加强基层农技推广机构和队伍建设，探索和构建农技人员直接到企业农户、良种良法直接到田、技术要领直接到人的农业科技成果转化应用新机制。大力开展科技下乡活动，建立一批科技入户点。依托种养大户、专业合作社等建立一批科技试验示范基地，开展优良新品种、新技术区域性和适应性试验，大力引进农业高新适用技术，推广优新品种。提高科技自主创新能力，大力整合农业科研资源，发挥农业科研单位的技术优势，积极推进产学研结合，建立健全农业科技创新公共平台，围绕特色优势主导产业与大专院校、科研单位挂钩，重点支持生物繁育种、生物农药、生物饲料和饲料添加剂、微生物制剂等项目以及优质新品种、高效安全生产新技术研究，推进农业科技自主创新，培育具有重大应用价值和自主知识产权的突破性科技成果。积极培育农业科技人才，发挥科技人才对发展都市农业的支撑作用，加大引进和培养农业高层次人才力度。围绕生产周期和农时季节，加强对农民产前、产中、产后技能培训，普及农业科技、市场营销、组织管理和政策法规知识，提高农民吸纳、运用新技术的能力，大力培育新型农民。积极培养现代农业干部。构建农业信息体系，建立以农业市场信息、科技服务为主要功能，以农业信息采集、传输、储存、开发、发布等服务为重点，以体系完备、高效共享、反馈灵敏为主要特征的农业信息体系，大力普及应用信息技术，提高

农业精准化生产经营管理水平。充分利用原有的农业数据资料，建立农业生产管理数据库，实现数据资料的共享。

三、壮大龙头企业队伍，提升农产品加工业水平

加强规划引领和政策引导，支持特色农产品精深加工。抓好规划衔接，推进《新疆维吾尔自治区农副产品加工业发展"十四五"规划》编制工作，制定《关于促进农产品加工环节减损增效的实施方案》。支持重要农产品主产区的农户和专业合作社建设储藏、保鲜、烘干等初加工设施，组织开展产地初加工。发展农产品精深加工和综合利用加工，使农民分享农产品加工环节的增值收益。壮大龙头企业队伍，增强产业化带动水平。组织举办农业产业化龙头企业负责人培训班，提升企业经营者管理水平。培育和壮大龙头企业队伍，引进培育馕产业、林果加工、葡萄酒产业农副产品加工业等龙头企业。开展系统性管理和服务，建立完善龙头企业联席会议机制，实施动态监测调控，加强国家级和县市级龙头企业培育，巩固提升自治区级和地州级龙头企业，认真组织开展全国龙头企业100强推介和专项10强遴选活动，树立一批龙头企业标杆。积极完成第七批农业产业化国家重点龙头企业申报推荐工作。坚持问题导向，研究制定一批支持龙头企业发展乡村特色产业、促进龙头企业做大做强的政策措施。把发展农产品加工业与发展农业产业化结合起来，提升农产品加工转化率，逐步构建布局合理，大、中、小企业并举，初、深、精加工搭配，优质农产品基地建设、科研开发、生产加工、营销服务一体化的农产品加工体系。通过"扶大、扶壮、扶优"的原则，加大对农产品加工龙头企业扶持和农业招商力度，建设一批以农产品加工为支撑的农业产业化集群。支持农产品加工企业参与农产品原料基地建设，与农民建立长期稳定紧密的农产品购销关系，实现种养加、产供销、贸工农一体化。

四、聚力特色农业发展，延链提升品牌价值

以发展壮大特色优势产业、延伸农业产业链、提升农产品附加值为重点，促进产业串珠成线、连块成带、集群成链。按照"突出主导产业、增加规模效益、健全产业链条、提升综合竞争力"思路，推进优势特色产业集群，打

造乡村产业区域增长极和产业高地。以科技进步和健全农产品质量安全体系为支撑，建立和完善政府推动、企业为主、部门协作、社会参与的品牌培育工作格局。加强农产品宣传营销，提高产品的知名度和美誉度，大力发展无公害农产品、绿色食品、有机食品，扶持龙头企业、农民专业合作社争创中国驰名商标、中国知名品牌和农产品地理标志产品，加快推进品牌农业发展，增强农产品市场竞争力，推动农业产业转型升级，带动农业增效、农民增收，促进脱贫巩固区、高寒高原、沿边地区特色现代农业迈上新台阶。继续开展新疆名牌农产品、一村一品示范村镇、合作社农产品品牌的评选认定，开展农产品品牌创建示范区建设，支持地理标志农产品登记保护工作，着力打造一批知名区域品牌和产品品牌，培育一批在全国乃至国际上有优势、有影响、有竞争力的新疆区域公用品牌和企业产品品牌，形成"新疆系"粮油、林果、肉鱼、乳制品、菌菜、花卉、草药等品牌。在规模、标准、品牌、龙头企业、物流、市场等方面顺势而为、全域发力，提高附加值、提升影响力，推动形成产业链条长、品牌价值高、规模效益大的产业体系。积极谋划开展乡村特色产业调查分析，梳理挖掘潜在特色资源，引导乡村手工业发展，培养一批技术能手和能工巧匠，打造一批乡村"乡字号""土字号"特色农业"金字招牌"。

五、加强乡村旅游建设，丰富更多精品内容

依托全疆特色农业资源优势，做精乡村休闲旅游业，推进农业观光、采摘、科教、餐饮、农事体验等休闲农业发展。配合农业农村部在昭苏县举办"2021 年中国美丽乡村旅游行（夏季）活动"。大力推介中国美丽休闲乡村，认定休闲农业精品农庄，推动科技、人文等元素融入农业，逐步发展农田艺术景观等创意农业，探索发展工厂化、立体化等高科技农业，积极发展会展农业、定制农业等新业态，围绕"新疆是个好地方"，打造农文旅融合品牌。加大重要革命旧址保护和修缮力度，打造爱国主义教育示范基地和革命传统教育基地。加强对丝路文化、兵团文化、游牧文化、民族文化等文化旅游资源的保护和利用，注重与当地农耕文化有机结合，发展文化创意、文化节会等文化产业，打造一批"四季常青"、具有代表性的文化旅游精品景区集群和精品线路，印制《新疆休闲农业和乡村旅游精品线路手册》，发布"春赏

花""夏纳凉""秋采摘""冬农趣"精品线路。积极实施乡村旅游富民工程，在巩固脱贫地区乡村旅游基础设施建设等方面给予政策倾斜，建设一批特色乡村旅游名镇名村。开展"新疆农产品进19个援疆省市景区景点"展销展示活动。扶持开展运动休闲、赛事观赏、山野户外和民俗民间体育等旅游项目及活动。

六、提高农业资源效用，完善农业社会化服务

调整优化产业结构，实施粮棉、畜牧业、渔业、特色农业和休闲农业绿色增效示范行动，提高农业综合生产能力，确保粮食和重要农产品有效供给。围绕"一控、两减、三基本"，大力发展节水农业，加快节水技术示范推广。合理确定产业发展规模，发展循环农业，促进产业发展与资源环境保护协调推进。提升耕地质量，开展耕地重金属污染治理，科学合理使用农业投入品，推广加厚地膜和可降解地膜，示范推广废旧地膜机械化捡拾和回收利用。发展秸秆饲草料化，推进新能源设施建设在偏远乡村地区的建设，加快农村清洁能源体系的构建。推进畜禽粪便就近就地生态消纳，加强农业面源污染治理。坚持农民家庭经营主体地位，创新土地流转和规模经营方式，支持通过土地入股、土地托管、土地流转等多种形式发展适度规模经营，着力解决农村土地细碎化问题，提高机械化水平和生产效率（Li et al.，2021）[1]。积极组织开展政府购买农业公益性服务试点、农业生产全程社会化服务创新试点。充分发挥龙头企业、农民合作社、家庭农场等在农业社会化服务中的重要作用，培育专业性综合性社会化服务组织，采用半托管、全托管、订单式等模式，围绕农资供应、农机作业、病虫害统防统治、粮食烘干等农业生产关键环节，创新开展农业生产全程社会化服务。

第三节　新疆农业高质量发展的制约因素

当前，国际国内发展形势日趋复杂、不确定不稳定性明显增加。世界百

---

① Li C, Jiao Y, Sun T, Liu A. Alleviating multi-dimensional poverty through land transfer：Evidence from poverty-stricken villages in China［J］. China Economic Review, 2021, 69.

年未有之大变局加速演进，宏观经济下行压力加大，新冠肺炎疫情影响广泛深远，传统因素与新疆农业发展挑战增多，风险上升，压力明显加大。

一、农业发展基础依然薄弱

当前，新疆正处于自然灾害易发多发期，防灾减灾的机制和保障能力建设待加强，防灾减灾工作中还存在一些薄弱环节，农业科技支撑能力还不强，抵御自然灾害的能力依然较弱，仍是制约新疆农业高质量发展的重大"瓶颈"，仍有一些短板弱项亟待补齐。小麦等主要农作物主推品种单一，品种更新换代缓慢；水、肥一体化技术在南疆推广速度较慢，水、肥利用率依然较低；小麦、玉米等粮食作物提质增效难度大，机械化匀播、缩行条播等非常规种植模式推广力度小，单产水平提升缓慢。设施农业基础设施建设滞后，周年生产能力不高，特别是冬季农业的生产能力更弱；蔬菜的生产、流通常常存在采后处理慢、配套的田头预冷和农产品前端冷链设施缺乏、储运设施设备落后和运距长等问题。畜牧业草原生态环境恢复任务依然艰巨，生态环境治理已经取得的成效还需要巩固提升；草原畜牧业生产经营方式仍然传统，效益较低；活畜调运流通引发疫情的风险居高不下；牧户种植的牧草主要以自产自用为主，大型饲草种植加工企业基本没有，饲草交易及流通量较少，草业组织化、规模化、市场化、程度低。

二、资源环境约束持续加剧

新疆农业是典型的灌溉农业和绿洲农业，水资源严重匮乏且时空分布极不均衡，全疆多年平均降水量147毫米，蒸发量在2000毫米以上，农业生产面临严重的资源性和结构性缺水问题，农业生产受水土等自然资源条件约束明显。目前，新疆农业用水占经济社会用水量95%以上，地下水超采。耕地面积仅占土地面积的3.1%，耕地资源紧缺且粗放型生产经营，土地可持续难以为继；并且随着工业化、城镇化的持续推进及新一轮退耕还林、还草、还湿等生态工程的实施，耕地减少的压力日益增大。新疆覆膜面积和地膜使用量均居全国首位，残膜量高出全国平均水平4~5倍，治理困难、难度较大。常年覆膜面积3800万亩，占农作物总播面积的60%

以上，农田基础设施薄弱等问题依旧严峻，目前全疆一半以上农田为中低产田，农田灌溉水有效利用系数不高，以科技手段推进绿色转型，引领农业高质量发展迫在眉睫。

三、融合发展程度仍然较低

新疆农村一二三产业融合发展处于初级阶段，产业链条短、产品附加值低，农业提质增效要求迫切。产业结构单一，种植业占农业比重较大，而收益相对较高的特色林果业、养殖业等所占比重较小；优势产业基本为内地、国外的原材料供应基地，出疆产品以初级产品为主，产业链增值收益并未留在疆内。农产品加工业发展滞后，农产品原字号多、加工转化少，初级加工多、精深加工、高附加值产品少，农产品加工业与农业总产值之比低于全国平均水平；仓储、冷链、物流体系不健全，人才、资金、技术供给不足，市场风险应对能力较弱。新型经营主体能力不强，龙头企业少且实力较弱，农民专业合作社规范化水平不高，家庭农场经营能力有待提升，新型农业经营主体普遍存在依赖政策刺激、经营方式单一等问题。农业品牌竞争力不强，农产品标准化、规模化生产仍然滞后，区域品牌同质性强，定位模糊，市场占有率低，总体呈现多、乱、杂现象，缺乏在全国有影响力的区域公用品牌、企业品牌和产品品牌。

四、农业风险高发频发存在

自然风险、生物风险、市场风险交织暴发，各类风险易发高发与国际经济形势剧变叠加。在自然风险方面，主要是气候灾害进入高发期，近年来全球大部分地区极端天气气候事件频发，"十四五"初期我国气候也将处于20年波动周期中的灾害高发多发期，高温、干旱、洪水、雪灾、雹灾大风等极端天气对农业生产安全带来威胁。在生物风险方面，病虫草鼠害频发，草地贪夜蛾、亚洲飞蝗、非洲猪瘟等有害生物和动物疫病风险大大增加。新疆接壤邻国多，外来生物入侵防控难度大，农业防灾防疫体系还不健全，生物风险对农业生产影响不容忽视。在市场风险方面，国际贸易保护主义抬头，"一带一路"沿线国家可能推动建立保护性较强的区域贸易协定，不利于新疆农产品出口；中美战略博弈成为常态，从美国恢复进口大量农产品将形成低价冲击，中美贸易摩擦将长期影响棉花市场销售，加之地区政治冲突风险上升，可能传导并抬高农业生产成本，进一步影响农业增值和利润空间以及农民务农积极性。

五、乡村亟待变革转型提升

农村建设历史欠账较多，乡村发展整体水平亟待提升。农村基础设施、公共服务和各类人才支撑三大短板依然突出，农村基础设施建设投入不足，面上尚未铺开，且重建轻管、有建无管问题突出，管护主体不明、机制不活、标准不清、经费不足等问题亟待解决；教育、医疗卫生资源配置不均，农村居民养老水平仅为城镇职工平均水平的 5%，农村低保标准不到城市的 2/3。农村基层基础有待巩固，目前全疆城镇进程还有很大空间，按照城镇化发展规律正处于加速发展阶段，随着城镇化发展和农村劳动力转移，农村从相对封闭走向更加开放，闲置宅基地和农房也将不断增多，农村土地矛盾、邻里纠纷、安全隐患明显增多，维护农村社会和谐稳定和应对好村庄空心化老龄化的任务将更加艰巨，乡村治理体系亟待健全完善（李成友等，2020；康传坤等，2020)[1][2]。同时，随着"三农"各种情况的阶段性转变，引人留人依然困难重重，特别是中高端人才严重匮乏、技术型人才缺口较大，不能充分满足"三农"发展所需。

六、农民持续增收困难较多

随着经济下行压力增大，农民各项收入增长面临较大阻力。"十四五"时期国际国内政治经济社会及环境卫生情况尚不明朗，波动跌宕，新疆下调经济增速预期，农业投资和消费需求提升空间有限，农业生产成本高企，农民家庭经营净收入增长面临"天花板"。受劳动密集型行业失业风险上升、

① 李成友，刘安然，袁洛琪，康传坤. 养老依赖、非农就业与中老年农户耕地租出——基于 CHARLS 三期面板数据分析 [J]. 中国软科学，2020（07）：52-64.

② 康传坤，文强，楚天舒. 房子还是儿子？——房价与出生性别比 [J]. 经济学（季刊），2020，19（03）：913-934.

农村劳动力素质与城镇岗位需求不匹配逐步凸显等因素影响，农民工就业规模和工资收入增速可能面临双降，农村转移务工人员就业途径受阻、工资性收入受限。随着财政收入增速放缓，农业补贴政策以直接补贴等形式增加农民转移性收入面临较大的压力，财政转移补贴覆盖面将优中选优、精准支农，一些财政地方专项政策可能会逐步收紧。农村改革集成扩面提速的政策效益短期内难以全面释放，受疫情影响，自治区内外旅游、农耕体验、城郊采摘、人员城乡流动等受阻受限，土地财政已发生新的转变，民居民宿增收困难，农民财产性收入增长有限。作为国家重点扶持地区，新疆巩固脱贫成果地区区域较大、人口量大，特别是南疆四地州农民收入结构单一，70%以上的来自种植业和畜牧业，在"十四五"经济发展减速换挡的大背景下，如何巩固脱贫攻坚成果、保持农民持续较快增收的势头面临更大压力。

七、要素通畅流动亟待改善

南北疆之间、城乡之间、农牧区之间发展不平衡，要素流动不顺畅、公共资源配置不合理等问题依然突出。从区域上看，北疆农业规模化、机械化、集约化水平较高，农业农村现代化程度已与内地基本持平；南疆农业仍以自给自足的小农经济为主导，农村基本维持传统、封闭的村落式发展模式，区域差异仍有不断扩大的趋势。从城乡上看，县域经济发展滞后，大多数乡村只有种养环节，加工、流通等环节断档，产业链延伸增值能力弱，村集体经济造血功能不足。不同地域、不同群体间农民收入差距也有拉大趋势，南疆四地州农村居民人均可支配收入低于全疆平均水平。受宏观经济下行和体制机制性障碍等影响，农业农村领域财政支持空间不足，民间资本投资降速，金融资本渠道不畅，贷款难、贷款贵等现象仍然普遍，农业农村发展仍然缺少足够资金投入，畅通人、地、钱、信息等要素流向农业农村渠道、加快补齐乡村、区域建设短板仍是今后农业农村发展重大而紧迫的任务。

第四节　新疆农业高质量发展趋势分析

稳住农业基本盘，守好"三农"基础是应变局、开新局的压舱石。2022

年，新疆需继续把握农业高质量发展趋势，积极谋划、行有效之举，扎实推进农业高质量发展各项工作。在新的发展阶段，农业发展环境呈现出许多新情况、新特点，新疆农业高质量发展呈现出"七大转变"新趋势，必须准确把握、精准谋划和统筹实施。

一、"扩产增量"向"提质增效"转变

随着城乡居民收入水平的提高，城乡消费需求和消费结构加快优化升级，对安全优质农产品的需求快速增加，市场需求倒逼农业结构调整、生产方式改变，农业由增产导向向提质导向转变（宿玉海等，2021）[1]。由于市场需求导向的变化，必须加快推进农业供给侧结构性改革，充分发挥农业资源优势，大力发展绿色生态特色农业，推动农业产业产品结构调整，提升农产品有效供给水平，提高农业发展的质量和效益。

二、"传统要素驱动"向"数字要素驱动"转变

依靠传统农资投入、资源消耗、生态损耗等要素投入的粗放生产经营方式已成为历史，技术进步和科技创新等数字要素对提高农村劳动生产率、土地产出率和资源利用率的驱动作用更加直接，特别是以物联网、大数据、云计算、移动互联网等为代表的新一代信息技术正在引领现代农业生产、经营、流通以及质量监管发生深刻变革。要素驱动导向的转变要求农业发展必须抢抓新一轮科技变革新机遇，结合"数字经济"的浪潮和机遇，大力发展智慧农业、数字农业，着力培育农业发展新动能和竞争新优势。

三、"单一产业"向"一二三产融合"转变

当前，农村一二三产业融合发展进入了快速发展时期，乡村的经济价值、生态价值、社会价值、文化价值日益凸显，新业态新模式正在全方位大规模

---

① 宿玉海，孙晓芹，李成友．收入分配与异质性消费结构——基于中等收入群体新测度［J］．财经科学，2021（09）：80-95.

向农村渗透，推动农村产业链条延伸和农业功能不断拓展。产业发展阶段的转变要求农业经营必须主动适应农村产业融合发展新趋势，着力培育壮大"互联网+""旅游+""生态+"等农业新业态新模式，推动农业与旅游、文化、体育、康养、研学、爱国主义教育等深度融合，打造农村产业发展新动能。

四、"常态规律演进"向"多元特色发展"转变

经过改革开放特别是党的十八大以来的实践探索，保护好乡村良好的生态环境、传承乡村独特乡土文化、重现乡村田园风光越来越成为推进乡村发展的普遍共识，建设"望得见山，看得见水，记得住乡愁"的美丽乡村成为乡村发展的基本遵循。推进乡村建设，既要科学把握乡村不同村庄变迁的发展趋势，又要充分考虑各地乡村的发展基础、区位条件、资源禀赋等差异实际，引导各地发展特色产业，并建设各具特色、各美其美的美丽乡村，促进产业与乡村一体互融。

五、"人口常住"向"人口钟摆"转变

随着城镇化进程的加快，农村常住人口大幅减少，特别是中青年生力军群体流动更加频繁，关键农时缺人手、现代农业缺人才、农村建设缺人力等问题较为普遍，农业兼业化、农村劳动力老龄化、农村空心化等问题日益突出，农村"常住人口"减少和"人口钟摆"式流动给乡村建设、乡村治理和公共服务带来新的课题。面对新情况和新问题，加快"三农"建设必须用新的思维和方式去谋划推动产业发展工作，牢牢抓住党中央实施乡村振兴战略这一重大历史机遇，科学研判区情农情，谋划好兴人才、旺乡村重要举措，把握大势、创造条件，做好人才振兴发展支撑工作。

六、"传统保守消费"向"消费结构升级"转变

当前，我国社会的主要矛盾已经发生新的变化，已从短缺经济、卖方市场到充足供给、买方市场转化，市场细化、受众细分、消费多层级叠加日益

凸显。特别是进入中国特色社会主义新时代，经济综合实力显著提升，成为全球第二大经济体，人均 GDP 也已达到中上等国家水平，传统衣食温饱消费、家电住房消费、汽车电子产品消费、休闲康养旅游消费、文化消费、生态消费等层级结构不断演进升级，对于食物等生活必需品消费的比重在走低，食物支出之外的更高层次的教育文化、健康旅游等消费的比重不断升高。居民消费正从传统的"有没有""价格便宜不便宜"向"好不好""性价比是否高"转变。个性化、定制化、多样化消费渐成主流，消费升级的步伐愈发加快。

七、"农的观念"向"农文理念"转变

随着社会主要矛盾的变化和科技水平的发展，农业发展更加注重展现不同地方的内在文化属性和内涵。传统农业满足温饱的"农"观念正在朝向"农文融合"理念转变，以农为根、融合多产，农业载体的传统价值积极向以农促融、以农促彩的多元价值转变。因此，我们在发展高质量农产品过程中，既要提高农业产出的传统价值，更要充分挖掘并传承农耕文化的价值。优质农产品生产更加突出绿色有机、健康养生、文化底蕴、体验互动、乡愁记忆等多元开发，更加善于展示人与自然相融共处的和谐之美；让消费者在享用产品物品的同时，真正地感受到产品物品的原产地文化魅力。坚持"产品对接—产业衔接"向"情感对接—文化衔接"转变转型和拓展延伸，让产品品质的"价值"真正地从"价"向"值"生动体现。围绕农产品文化内涵和艺术创意（如包装和制品），追求高质量突出蓝天白云、青山绿水、乡俗风情、自然冷凉的地域形象，借助包装形象、图片展示，促进农业品牌与旅游品牌、地域品牌的有机融合、相互借力，提高农产品附加值。

第五节　新疆农业高质量发展对策建议

站在新的历史起点，锚定产业发展方向，统筹总体发展布局，优化特色优质农产品供给，壮大新型经营主体，延伸完善产业链条，推进产业融合，打造产业集群，提高农业科技支撑水平，促进农业绿色可持续，持续推进新疆农业高质量发展。

一、举旗定向，谋篇布章高质量发展

高举中国特色社会主义伟大旗帜，坚持以习近平新时代中国特色社会主义思想为指导，深入贯彻党的十九大和十九届历次全会精神和第三次中央新疆工作座谈会精神，完整准确贯彻新时代党的治疆方略，贯彻落实自治区第十次党代会精神，围绕社会稳定和长治久安总目标，统筹推进"五位一体"总体布局，协调推进"四个全面"战略布局，增强"四个意识"、坚定"四个自信"、做到"两个维护"，坚定不移贯彻新发展理念，坚持和加强党对"三农"工作的全面领导，落实高质量发展要求，坚持农业农村优先发展总方针，以产业发展推动乡村全面振兴，以产业提升持续巩固脱贫攻坚成效。充分结合新疆实际，凸显独特优势，促进产业创新发展，强化"以农促融、以工补农、以城带乡"，紧扣"兴特色突重点、抓关键补短板、育主体搭平台、促融合增动能、创品牌亮名片"，走出一条优质高效特色的农业发展道路，实现农业高质量发展。

二、量质齐升，增加优质农产品供给

坚持走质量兴农之路，积极开发生产绿色优质农产品，逐步消除各类产地不清、来源不明等农产品供给，建立绿色、生态、有机、可追溯的农产品供给体系，通过市场和消费者行为来倒逼产品供给的"量"向"质"转变。坚持质量就是效益，质量就是竞争力的发展理念；推进农业供给侧结构性改革，以优势主导产业为重点，突出抓好绿色优质新型农产品供给，注重科技元素的创新融入和驱动，构建完善的绿色产业体系，加大力度推进绿色、有机和地理标志农产品生产，增强已脱贫地区特色农业助力能力。以标准化、规模化、绿色化、产业化、数字化为方向，加快构建优质高效农业生产基地，将各类农业园区串联融合，聚力互通发展，促进特色优势农业的发展。围绕绿色、生态、循环、健康发展方向，加快构建优质高效的养殖基地，数字化整合清洁养殖和生态养殖，推广现代新型的节水、节能、节料养殖工艺，加大秸秆精饲化、干燥粪、微生物发酵等适用技术的示范应用和推广。推进农业全程标准化，大力推进农业标准化生产，加快建立与农业高质量发展相适应的农业标准及技术规范，制定特色农产品生产技术规范和质量标准，建立全要素、全链条、多层次的农产品标准化体系。加强农业标准化示范区（场）、示范县建设。健全农产品质量安全检测体系、标准体系、监管体系和质量追溯体系建设，不断提升农产品质量安全水平。健全各级质量安全监管体系，加强农产品常规监测检测和随机监督抽查检测；建设一批农产品地理标志产品和生态原产地保护基地；严格落实"三品一标"认证和属地管理责任，建立全程可追溯、互联共享的农产品质量和食品安全信息平台，推动农业产业化龙头企业、"三品一标"获证企业、农业示范基地率先实现可追溯。健全从田间地头到居民餐桌的农产品质量安全全过程全链条监管体系，全力保障人民群众"舌尖上的安全"。

三、全链发展，打造优特新产业集群

立足新疆各地资源禀赋、产业发展基础、发展潜力和环境承载能力，落实主体功能定位，按照全产业链开发、全价值链提升的思路，优化农业主体功能和空间布局，重点打造粮食、棉花、肉羊、奶业、核桃、红枣、香梨、苹果、葡萄、杏、加工番茄、加工辣椒、渔业等各类结构合理、链条完整的优势特色产业集群，使之成为实施乡村振兴的新支撑、农业转型发展的新亮点和产业融合发展的新载体。围绕提高农业质量效益和竞争力，以完善利益联结机制为纽带，突出培育发展农业主导产业重点链，实行链长制（分链长、总链长），推进选链、延链、补链、壮链、优链，推动实现从抓局部到抓全局、从抓生产到抓链条、从抓产品到抓产业、从抓环节到抓体系转变，贯通"业产加销"，融合"农文旅信"，拓展产业增值增效空间，打造一批特色资源优、创新能力强、产业链条全、绿色底色足、安全可控、联农带农紧的农业全产业链重点链，为巩固拓展脱贫攻坚成果，推进乡村全面振兴和农业农村现代化提供支撑。

四、多措并举，促进各系统绿色发展

农业高质量发展的最大优势和宝贵财富就是良好的生态环境，就是要牢固树立"绿水青山就是金山银山"的理念，就是要明确认识到生态生产生活

"三生"空间的一体发展的重要性，推进资源节约型、环境友好型、生态保育型"三型"农业加快发展，让生态建设与质量安全短板弱项加快补齐，从而推进农业绿色发展，促进农业可持续发展。统筹山水林田湖草沙冰系统治理，加强土地、水、森林等资源的保护和合理利用，实施重要生态系统保护和修复工程，扩大退耕还林还草、退牧还草，全力开展好国家政策性生态保护补偿机制工作。围绕"双碳"目标任务，推动建立市场化、多元化生态补偿机制。推进资源集约节约利用，实施藏粮于地、藏粮于技战略，坚持最严格的耕地保护制度和最严格的水资源管理制度，科学划定永久基本农田，深入推进高标准农田建设、中低产田改造和盐碱地改良，大力推广残膜清理、秸秆还田、机深翻、绿色有机肥、土壤调理剂使用，不断提升耕地质量。大力发展高效节水农业，推广喷灌、微灌等先进节水灌溉技术和覆膜保墒旱作农业节水技术，推进大中型灌区改造和灌区高效节水改造，提高农业用水效率。加强农业面源污染治理，大力推广测土配方施肥、水肥一体化和绿色防控技术，建设化肥减量技术服务示范基地，拓展建立全程绿色防控示范区；推广深翻还田、捡拾打捆、秸秆离田多元利用等技术，积极培育秸秆收储运和综合利用市场化主体，推进秸秆全量利用；建立畜禽粪污资源化利用可持续运行机制，加大规模养殖场粪污处理设施装备配套建设，全面提高畜禽养殖粪污综合利用水平；加大农膜回收利用，建立农用残膜回收再利用机制，开展地膜替代、减量使用和降解地膜试验示范。

五、多方汇智，强化农业新科技支撑

科技是第一生产力，现代农业发展的潜力在科技、出路在科技，着力增强农业科技创新能力，加快科技成果转化应用、切实提高科技对农业增长的贡献率，为农业插上腾飞的"智慧翅膀"。提升科研创新转化能力，激活用好区内科研院所、高等院校科技人才，积极对接发挥好中国农科院、中国科学院等国家队创新实力，通过重大项目实施、协作攻关强化，创新科研转化能力，为新疆农业生产急需解决的问题提供关键技术和有效方案。以绿色、集约、高效、智慧为引领，加强生物技术、节本增效、疫病防控、生态环保、分布调控等科研攻关和技术集成，为农业绿色可持续发展提供技术支撑。完善科技服务体系，引导科研院所、高校加大科技服务力度，支持农技推广人员与家庭农（牧）场、农民合作社（联合社）、龙头企业开展技术合作，支持各类新型经营主体以及协会开展农技推广服务。充分发挥新疆农科院、新疆农业大学等涉农科研院所作用，推行院县、校企等共建模式，引导研发资源、人才资源、技术资源和数字资源向农业集聚，构建新型职业农民培训基地、科技成果转化基地和技术创新孵化基地。深入实施科技特派员制度，鼓励支持科技特派员深入农业生产一线创新创业。强化物质技术装备，着力提升农林牧渔及农产品初加工综合农业机械化水平，提升无人机等近地面飞行器助农水平，增强智能化、信息化、精准化新型农机具的引进、示范和推广，扩大绿色环保、高效节约农机装备和技术的推广应用。发展数字农业，实施"互联网＋现代农业"示范行动，建立重要农产品生产基地信息监测网络，加强北斗、大数据、物联网、遥感技术、移动互联网终端等技术应用，推进农业信息化进村入户、用到田间地头。

六、丰富业态，提高大农业融创水平

现代农业的重要内容之一是培育发展新产业、新业态，树立大农业大产品大供给观，加快建立现代农业产业体系，深度开发农业的多种功能，延伸农业产业链、价值链，促进农业农村"生态、生产、生活"高度融合，促进农村一二三产业交叉融合，推动农业高质量发展。推动乡村旅游提质增速，依托农村绿水青山、红色遗迹、田园风光、民族民俗、乡土文化、时代记忆、屯垦戍边等各种资源，大力发展乡村旅游、休闲观光农业、民居民宿、农耕体验、健康养生等绿色产业和绿色消费，推进农村一二三产业融合发展，延长农业绿色产业发展链条。发挥新疆森林草原沙漠探秘、河湖湿地观光、冰雪运动赛事的资源优势，壮大自治区休闲农业示范县、示范点建设。支持休闲农业和乡村旅游重点村改善道路、宽带、住宿、餐饮、停车场、厕所、物流寄递、商品区、垃圾污水处理设施等条件，建设魅力村庄、森林景区和康养小镇。注重农业文化遗产发掘、保护、传承和利用，强化历史文化名村（镇）、传统村落整体格局和历史风貌保护，传承乡土文化。大力培育新产业、新业态，加快发展农产品电子商务，完善服务体系，引导新型经营主体对接各类官方和民营企业电子商务平台，健全标准体系和冷链物流体系。推动科技、人文等元素融入农业，稳步发展农业生产加工制作体验、农田艺术景观、阳台农艺等创意农业，鼓励发展工厂化、立体化等高科技农业，积极发展定制农业、会展农业等新型业态。

七、优培品牌，转化提高市场化价值

品牌化是农业现代化的核心竞争力，新疆农业生产条件优越，在全国已有阿克苏苹果、库尔勒香梨、吐鲁番葡萄、轮台白杏、喀什甜瓜等响当当的"金字招牌"。优培品牌，转化提高市场化价值是推进农业高质量发展的又一重点。深化农业供给侧结构性改革，加快推进农业品牌建设，不断提高农业综合效益和市场竞争力。强化顶层设计，研究制定农产品品牌发展战略规划，建立"区域公用品牌＋企业产品品牌"的品牌发展模式，推动形成以农产品区域公用品牌、大宗农产品品牌、特色农产品品牌和企业品牌为核心的农业品牌格局，挖掘好、培育好、保护好、发展好新疆绿色生态有机品牌。强化品牌培育，实施品牌提升行动，围绕特色优质农产品优势区建设，打造一批农产品区域公用品牌。以县域为重点，加强区域公用品牌授权管理和产权保护。结合粮食生产功能区、重要农产品生产保护区和现代农业产业园区建设，积极培育粮棉油饲、肉禽蛋奶、果菜干汁等农产品品牌和加工品牌。以新型经营主体为主要载体，创建地域特色鲜明的特色农产品品牌。强化品牌管理，全面加强农业品牌监管，健全农业品牌保护体系。开展品牌质量评估与社会公众测评，建立健全能上能下、优胜劣汰、层级分明的品牌动态管理机制。通过农业产业化联合体、产业联盟和行业协会，引导各类组织、经营主体、小农户共同维护好品牌声誉。注重乡村手艺能人和能工巧匠队伍的培育和发展，建设一支根植"三农"、素质专业、创新力强、视野广的人才队伍，提高品牌经营管理水平。强化品牌宣传，讲好绿色优质农产品品牌故事，增强产品文化底蕴，传播新疆品牌声音，打造一批"老字号""疆字号""土字号"特色农产品品牌，提升绿色优质农产品供给能力和品牌影响力。

八、创新引领，壮大多元化经营主体

规模经营是现代农业的基本特征之一，"大国小农"是我国的基本国情农情，现阶段小农户为主的家庭经营仍然是新疆农业经营的主要形式。注重解决小农户生产经营面临的各种困难，加快引领小农户融入现代农业发展大格局，创新引领多元化经营主体发展，是推进农业高质量发展的重要抓手。加快新型经营主体培育，以促进小农户和现代农业发展有机衔接为重点，加快构建现代农业经营体系，提高农业经营组织化、规模化、集约化水平。高度重视利用专业合作、股份合作、土地流转、土地入股、土地托管、代耕代种等多种形式，发展农业适度规模经营。引导和支持种养大户、家庭农（牧）场、农民合作社（联合社）、涉农企业等经营主体发展壮大，突出抓好农户与农民合作社、家庭农（牧）场、涉农企业等经营主体的衔接机制构建，在嵌构环节探索各种适宜多方利益发展的匹配模式。完善农业社会化服务体系，按照"主体多元、形式多样、服务专业、竞争有序"的原则，培育多元化农业服务组织，加快发展"一站式"农业生产性服务业。支持发展邮政、供销、耕作、节水、植保、疫病防治等农业专业化服务公司、农民专业合作社等各类社会化服务组织，并积极打造涉农服务综合信息化平台，为农户提供农资销售、农机作业、土地托管、牲畜托养、代耕代种、节水灌溉、统防统治、烘干仓储、产品营销、问题反馈、提高解决方案等全产业链社会化服务。建立联农带农机制。加强小农户与新型经营主体、农业产业化联合体的利益联结，因地制宜、精准施策，通过发展多样化的联合与合作模式，提升小农户联合（合作）意愿和组织化程度，引导小农户融入现代农业发展。

第三章
强基增效推进新疆工业
高质量发展研究

2020 年 9 月，习近平总书记在第三次中央新疆工作座谈会上指出："党的十八大以来，党中央深化对治疆规律的认识和把握，形成了新时代党的治疆方略"，并指出"发展是新疆长治久安的重要基础"，要"推动工业强基增效和转型升级"，紧贴民生推进新疆经济高质量发展。2021 年 2 月 5 日新疆维吾尔自治区第十三届人民代表大会第四次会议通过的《新疆维吾尔自治区国民经济和社会发展第十四个五年规划和 2035 年远景目标纲要》提出，"要推动工业强基增效和转型升级，提升新型工业化发展水平"。工业高质量发展是推进具有新疆特色的产业链现代化的必要路径。这既是推动新疆工业高质量发展的必然路径，又是应对立足国内大循环、畅通国内国际双循环最现实的选择，更是贯彻落实新时代党的治疆方略、开启全面建设社会主义现代化新征程的必然要求。

第一节 新疆工业高质量发展的现状分析

"十三五"以来,新疆大力推进工业提质增效,工业经济发展规模和质量效益不断提升。但受新冠肺炎疫情冲击、资源环境约束强化、国内外市场竞争加剧等影响,新疆工业仍存在产业转型升级矛盾突出、产业基础水平不高、产业结构不够优、发展层次不够高等问题,有待在未来进一步推动新疆工业高质量发展。

当前,国内外经济形势发展深刻变化,新疆处于全面建成小康社会、实现第一个百年奋斗目标之后,开启全面建设社会主义现代化国家新征程、向第二个百年奋斗目标迈进的关键时期,同时也处于经济结构优化升级和发展方式绿色转型的关键时期,进一步发展既面临国际国内发展环境趋紧的严峻挑战,也孕育着重大机遇。加快推进工业高质量发展是新疆贯彻落实新时代党的治疆方略、实现富民兴疆、建设现代工业产业体系的重要基础,也是构建新时代新疆新发展格局、实现新疆高质量发展的重要基础。在此背景下,发展壮大新疆现代工业产业体系不仅是解放和发展社会生产力、推动经济持续健康发展的内在要求,而且是增强新疆经济实力、增进人民福祉的基础支撑和根本保证。科学总结新疆工业高质量发展的成就和经验,抓住新一轮科技革命和产业变革机遇,培育工业优势产业竞争新优势,对于实现"两个一百年"奋斗目标和中华民族伟大复兴的中国梦具有重大意义。

改革开放以来,新疆毗邻中亚的区位优势,抓住国际产业转移和要素重组的历史机遇,大力推进工业化,迅速扩大产业规模,形成了门类齐全、规模庞大的工业和服务业体系,新疆工业发展取得历史性成就,主要工农业产品产量大幅跃升,产业结构持续优化升级并取得积极进展。

一、新疆工业增速持续增长

1993 年以来,按照经济波动看,新疆的工业增长大体可以划分为三个波动周期,如图 3 - 1 所示。第一周期是 1993~2001 年,谷底在 1998 年,当年全部工业增加值下降了 1.3%;峰值在 1993 年,为 46.7%;第二周期是 2002~2012

年，谷底在 2009 年，当年全部工业增加值下降了 11.3%，峰值在 2010 年，为 39%；现在新疆正处在始于 2013 年的一个新的周期中。总体上看，前两个周期的波动幅度较大，而在当前这个周期中，总体增速逐渐回升，回升幅度逐步收窄，工业经济运行呈现趋稳的态势。

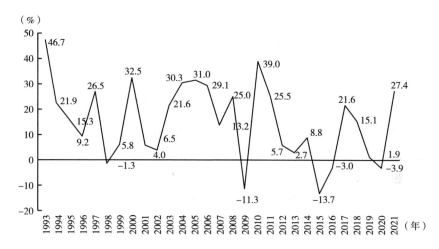

图 3-1 新疆工业增加值增长率

资料来源：新疆维吾尔自治区统计局。

二、工业综合实力跃上新台阶

2015 年以来，工业产业结构和生产力空间布局得到优化提升"三基地一通道"建设取得阶段性进展，综合产业实力进一步增强，初步形成以石油和化工、电力、煤炭、有色金属、纺织服装、装备制造、特色轻工、钢铁、建材等产业为支柱，门类较为齐全、资源型特征明显的现代工业体系。2021年，新疆工业增加值达到了 4691.6 亿元，是 2015 年的 1.69 倍，年均增速 9.2%；3633 家规模以上工业企业实现利润 671.8 亿元，是 2015 年的 1.97倍；PVC、多晶硅、大型风力发电机、番茄酱产量全国第一，油气当量、电解铝等居全国第二，火电、风电、光伏装机位居全国前列；特变电工、金风科技、中泰化学、广汇集团等一批大型企业综合实力在国内同行业中居于领先地位。在自治区重点监测的十大产业中，石化产业产值达千亿级以上，有色、电力、化学、煤炭、纺织等主导产业产值达到百万亿元以上，新材料、节能环保、医药、新能源、输变电装备等新兴产业发展迅速。

三、产业转型升级迈出新步伐

近年来，新疆坚持二产抓重点，推进传统工业转型升级。新疆产业空间布局进一步优化，集聚水平明显提升，传统产业提质增效步伐加快。面对世界不确定性因素和突发疫情影响，新疆经济平稳恢复、产业潜能持续释放。2021年，新疆地区生产总值（GDP）达到了15984亿元。其中，第二产业增加值5967亿元，增长24.7%，一产、二产和三产增加值的比重为14.7∶37.4∶47.9。供给侧结构性改革成效显著，钢铁行业完成国家下达的钢铁去产能任务；关停落后煤电装机159.1万千瓦。新产业新业态新模式增势强劲，新能源、新材料、先进装备制造、生物医药等战略性新兴产业快速发展壮大，工业战略性新兴产业增加值年均增速10%以上，高技术制造业增加值年均增19%以上。产业集聚效应逐步凸显，2020年，新疆各园区规模以上工业增加值达到2001亿元，占到了新疆工业增加值的42.2%。

四、创新能力得到逐步新提升

进入新时代，新疆创新平台建设步伐加快。当前，全疆已建成国家重点实验室和企业技术中心分别是2个和24个，自治区重点实验室和企业技术中心分别是54个和305个。此外，已经建成5个国家级工程技术研究中心、91个自治区级工程技术研究中心，培育599个高新技术企业。新认定29个首台套首批次产品、197个自治区级新产品新技术。新能源利用、棉花生产、番茄加工、煤层气开发等自治区优势和重点行业领域，科技实力和创新能力进一步增强，部分关键技术进入"领跑"行列。部分领域创新取得重大突破，新材料、新能源、特高压输变电等领域处于国内领先地位，蛋白胨、厚规格高韧性Z型钢板、短电弧数控加工机床达到国际先进水平。

五、工业空间布局逐步优化

主体功能区规划实施取得阶段性成效，基本形成沿天山北坡、沿兰新线、沿天山南坡"三沿"生产力空间布局。吐乌昌石城市群融合发展、特色发展加快推进，天山北坡经济带新型工业化、城镇化成效明显。先后建成一批"疆电外送""西气东输"、现代煤化工等重大工程。产业园区集聚能力大幅提升，2019 年，纳入统计范围的 87 个园区完成规模以上工业增加值近 2000 亿元，占新疆工业增加值 52% 以上。载体建设取得积极进展，自治区级新型工业化产业示范基地 14 个、"两化"融合试验区 16 个，500 亿元园区 3 个、100 亿元园区 12 个。

六、绿色发展达到新水平

绿色清洁生产能力持续提升，完成国家下达的万元工业增加值能耗指标任务。企业绿色改造升级加快，低碳技术推广应用领域更加广泛，资源节约和环境友好的工业发展体系建设成效显著。创建自治区级以上绿色工厂 120 家、绿色园区 8 家、绿色供应链 7 家、绿色产品 29 种，带动实施一批绿色改造项目，实现年节能 133.04 万吨标准煤、年节水和废水回用 1.05 亿立方米、利用固体废弃物 2132 万吨，绿色化发展深入人心。循环经济试点范围逐步扩大，哈密、乌苏等 4 市、县获批循环经济试点地区，5 家工业园区和 27 家重点企业列入自治区第四批工业经济领域循环经济试点单位。2020 年，清洁能源发电量较 2015 年翻一番。

七、开放合作拓展新空间

"一港""两区""五大中心""口岸经济带"建设成为新疆对外开放最具里程碑意义的重大工程。"走出去"取得实质性进展，新疆在境外设立企业 200 余家，在周边及"一带一路"沿线国家建设产能合作重点项目 14 个。"十三五"期间，新疆中欧班列累计开行 4150 列，开行线路 21 条，通达 19 个国家（地区）26 个城市，新疆"中欧班列集拼集运模式"作为自由贸易试验区改革试点经验在全国复制推广；落实招商引资项目 12500 多个，引进区外到位资金 21000 多亿元。2021 年，规模以上工业完成工业品出口交货值是 2015 年的 1.95 倍。

第二节　推进新疆工业高质量
发展的制约因素

目前，新疆产业发展正处于高质量的关键时刻，工业发展面临动力不足、关键要素短板突出、协同发展机制存在障碍等突出矛盾制约了工业体系整体竞争力和效率的提升。

一、工业经济发展动力不足

当前，新疆工业经济面临发展动力不足的突出问题。受大宗商品价格持续攀升所带来的成本上升、能源消耗总量和强度"双控"目标责任考核、碳达峰和碳中和等多重因素影响，新疆工业企业盈利能力下降、转型升级困难。

一是工业企业发展趋缓。近年来，一方面受到新冠肺炎疫情和美国通过涉疆涉兵团法案对新疆不断施压的持续影响，另一方面受"能耗双控"的内部影响及大宗商品和原材料价格上涨等外部因素影响，新疆工业企业经营状况有所恶化，盈利能力大幅下降。从工业增加值和规模以上工业增加值来看，新疆工业均呈现较为明显的下行态势。

二是产业结构有待优化。资源性产业结构转型升级困难，新疆轻重工业比重从 1978 年的 43.1：56.9 变为 2021 年的 9.5：90.5，工业结构中重工业成为经济发展绝对的主角。受经济下行压力加大、中美贸易争端的长期性和不确定性等的影响，民营企业发展信心动摇、预期不稳，创新创业活力受到压制。

三是核心技术突破不畅，高端产业不足和低端化发展困境有待破解。新疆工业产业核心技术较少，产业以资源类加工制造业为主，产业链和价值链大多处于低端或末端。2020 年，新疆规模以上工业战略性新兴产业增加值在规模以上工业中占 5.6%，高技术制造业增加值在规模以上工业中占 1.8%，远远低于 17.5% 和 13.3% 的全国平均水平。新疆特殊的地理位置导致了资源优势与交通劣势相互抵消，新疆的产品在国内和国际上并不具有优势，迫切需要加快推进新疆工业高端化，通过科技突破实现产业高附加值，进而利用科技创新抵消交通劣势。

四是推动工业高质量发展存在区域差异。新疆南、北地区存在产业发展的区域差异，南疆地区经济发展水平落后于北疆地区。由于北疆地区有较为完备的产业发展基础和基础设施建设，能够吸引更多的投资，而南疆地区大部分的产业发展仍以传统产业为主。由于经济发展水平的参差不齐，制约了地区之间产业链强链、补链和产业结构优化（焦勇、杨蕙馨，2017）[1]。也就是因为各地州市之间新经济发展水平的差异，会延缓工业产业的发展进程，进一步加剧各地州市之间的经济发展差距。

新疆是我国的一个制造业大区，但其产业链处于全球（甚至是在我国）价值链的中低端水平，制造业发展缓慢，数字化转型困难，增加了新疆工业高质量发展的难度。工业高质量发展带动新疆经济进入"新常态"，产业链的发展水平直接代表了新疆产业的整体发展质量。完整的、安全的产业链是工业高质量发展的根本任务。

二、关键要素短板突出

目前，新疆在科技、金融、人力资源等要素培育方面还存在不少短板，距离实现工业高质量发展还有较大差距，主要表现为：

一是科技创新瓶颈凸显。《2020 年中国区域创新能力评价报告》显示，新疆的区域创新能力在榜单上排名第 26 位。新疆科技创新投入偏低。2019年，新疆全区研发（R&D）经费支出达到 64 亿元，仅占 GDP 的 0.47%，远不及全国平均水平（2.23%）的 1/4，排在全国第 30 位。从人均研发经费支出来看，新疆较全国平均水平有较大差距。2019 年新疆人均研发支出为 37美元，仅相当于全国平均水平的 1/5。从自主创新人力的投入规模和强度来看，2019 年新疆 R&D 人员折合全时当量为 13820 人年，只相当于全国平均水平的 0.29%。综合科技创新的资本和人力投入，现有的投入规模难以支撑工业高质量发展的要求。

二是金融体系支撑工业发展的能力不足。直接融资和间接融资比例不协

---

① 焦勇，杨蕙馨. 政府干预、两化融合与产业结构变迁——基于2003—2014 年省际面板数据的分析 [J]. 经济管理，2017, 39（06）：6 – 19.

调。根据中国人民银行统计，2020 年我国直接融资占全社会融资规模的比重为 15.3%，新疆直接融资占全社会融资规模的比重为 3.7%。这说明了新疆在金融支持工业方面，在精准对接企业融资需求、进一步助力企业拓宽融资渠道、降低融资成本等领域还需要进一步加大政策力度，才能更好地服务新疆新旧动能转换。

三是人力资源存在结构性供需矛盾。目前，新疆拥有两院院士、国家有突出贡献的中青年专家、天山英才工程第一层次人选、自治区科技进步奖特等奖、一等奖完成人等各类高层次创新型科技人才约 350 人。一方面，近两年新疆人才总量呈现负增长趋势；另一方面，乌鲁木齐、克拉玛依、石河子三市汇集了新疆 70% 以上的科研人员。在高学历人才供给方面，新疆与中东部发达省市还有较大差距。从高等院校入学率看，2019 年新疆高等教育入学率不到 46.8%，总体水平仍然偏低。

四是科技创新基础薄弱，创新平台建设滞后。目前，新疆拥有国家重点实验室和企业技术中心分别是 2 个和 24 个。部分平台规模小、发展水平低，没有形成动态运营机制，对提升区域竞争力的作用很有限。很多分散的科技信息服务类网络平台存在重复建设、功能单一、数据陈旧等现象，有待整合完善。基层创新平台还面临设备落后、资金短缺、人才队伍不稳定等问题。

新疆是我国资源类产业制造大省，产业发展规模较大。受维稳形势和疫情的双重影响，新疆在关键要素建设方面的短板不断暴露，在产业基础方面仍存在许多弱项，强基增效的对外依存度较高，阻碍了工业转型升级。工业高质量发展是现代化工业发展的重要支撑，新经济背景下的产业结构升级要以科技为引领，创新驱动发展，同时要以强大的产业基础作为支撑。但产业基础能力的发展程度决定了产业的发展高度，新疆目前与发达省份的最大差距就在于产业基础能力较为薄弱，制约了现代化产业链的发展进程。工业高质量发展缺乏产业链支撑，会削弱工业与其他产业之间的联系程度，阻碍各产业之间充分、协调和绿色发展。

三、协同发展机制存在障碍

当前，新疆工业发展在体制机制方面还存在一些不合理的障碍。

一是科技创新机制不活。当前，有利于工业经济发展的创新体制有待进一步完善。据统计，自治区获科技进步奖的成果主要集中在农业、医药卫生、石油化工、机械工程等传统领域，且转化率不足 5%。在成果转化的激励机制上，科技成果"三权"（使用权、处置权和收益权）下放还缺乏完善的配套措施和操作细则，成果拥有者的转化积极性不高。

二是金融改革有待加速推进，需加快形成有助于工业企业融资的现代金融体系。2018 年新疆出台了《金融支持新疆实体经济高质量发展的意见》，力图引导金融机构回归本源、防范风险，增强金融服务工业经济的能力和水平，切实推动新疆经济社会高质量发展。但在实际融资过程中，直接融资比例偏低；同时，由于管制措施过多，民间资本进入金融业仍然是困难重重，造成金融业竞争不充分。民营企业和科技型中小企业融资难的问题在短时间内难以彻底解决。

三是人才流动机制不畅，人力资本提升难以满足新疆工业强基增效转型升级的需要。近几年来，在工业经济发展过程中，先发地区的产业发展和创新创业环境改善使国内国外的创新型人才源源不断地流入，但新疆人力资源却出现了流失严重的问题，在体制内、不同区域间、城乡之间的人力资源均不同程度出现了人力资源的流失，再加上新疆没有相应的财力从户籍登记管理制度、社会保障制度、职称评定制度、工资福利制度、人事档案管理制度、身份管理制度等制度改革上吸引八方人力资源。当前，人力资源的流出大于流入，更加制约了人才的合理流动和有效配置。

四是缺乏推进新疆工业高质量发展完善的制度体系。新兴产业的发展没有充足的资源支撑，阻碍了传统产业的转型升级，在一定程度上制约了工业高质量发展。通过建立健全推进工业高质量发展制度体系和有效的产业政策，用以促进区域内要素和资源的自由流动，引导资源向新经济、新兴产业和高新技术产业流动。

综合判断，新疆的发展进入了"不变则滞、不进则退、不谋则偏"的关键时刻，既面临着实现高质量发展的历史性机遇，也面临着差距拉大的严峻挑战：必须要有全球视野和战略思维，以打赢反恐维稳攻坚战的使命意识和担当精神，顺势而为，超前谋划，抢抓新机遇、找准新定位、厚植新优势、培育新动能，重新打一场以创新驱动为引领、发展高端产业为支撑的推进工业高质量发展的攻坚战，全面提升新疆在国家战略和区域发展格局中的位势。

第三节 推进新疆工业高质量
发展的路径选择

推进新疆工业高质量发展是推动新疆产业结构迈向产业价值链中高端的重要选择。在推进新疆工业高质量发展的进程中，通过实施"四大工程"，提升新疆的产业基础能力和产业链现代化水平，培育适应新时代发展的现代化工业产业体系。

一、实施优势产业培育壮大工程

实施园区提升工程，科学合理布局产业项目，突出抓好石油和化学工业、煤炭煤化工、电力、纺织、服装服饰、电子产品、林果加工、农副产品加工等重点产业，统筹推进优势产业延链、补链、拓链、强链，实施产业基础再造工程，推进工业绿色发展，加快推动产业集聚、集群发展，提高经济质量效益和核心竞争力。

一是优化发展石油和化学工业。加大准噶尔、塔里木、吐哈三大盆地勘探开发力度，建成国家大型油气生产加工和储备基地。加大油页岩、煤层气、页岩气等非常规能源矿产勘探开发力度。着力推动石化领域"减油增化"，扩大"疆油疆炼"规模，健全石油和化工下游产业链，延伸发展高端聚烯烃、高性能合成橡胶、高性能纤维、可降解塑料等精细化工产业。推动石油石化与纺织服装产业一体化发展。

二是稳步发展煤炭煤化工。以准东、吐哈、库拜等区域为重点，建设一批特大型、大型现代化骨干煤矿，鼓励煤矿与煤电、现代煤化工等下游配套产业一体化开发经营。稳妥推进哈密、准东国家煤制油气战略基地规划建设，构建以煤炭清洁高效利用为核心的循环产业链。依托准东、吐哈等大型煤炭基地一体化建设，科学推动煤制烯烃、煤制芳烃、煤制乙二醇等以及下游创新发展，有序发展煤制油、煤制气，打造亿吨级煤炭生产和转化基地。支持煤化工与石油天然气化工耦合发展。

三是加快发展电力工业。稳步扩大配套电源装机容量，重点建设大容量、高参数、节能、节水、环保、煤电一体化机组。积极推进电力源网荷储一体化和多能互补发展，加快推进国家大型清洁能源基地建设。积极推进"疆电外送"工程，推进"疆电外送"第四通道建设。

四是着力发展纺织工业。支持棉纺产业高质量发展，打造国家优质棉纱生产基地，推动化学纤维制造产业与纺织产业协同发展。高标准支持印染产业发展，着力发展织造产业，推动产业上下游有效衔接。加快发展再生纤维素纤维及纤维素衍生等下游产品，积极发展产业用纺织品。重点支持阿克苏纺织工业城、库尔勒纺织服装产业城、石河子经济技术开发区、阿拉尔经济技术开发区等综合性纺织产业基地及各地（州、市）纺织园区发展。

五是着力发展服装服饰产业。实施纺织服装产业带动就业战略，高效承接内地产业梯度转移，支持南疆发展特色服装服饰产业。支持乌鲁木齐国际纺织品服装商贸中心建设。

六是推进工业绿色发展。制定 2030 年前自治区工业碳排放达峰行动方案。加快资源加工类重点行业实现绿色化改造，支持能源和资源类企业创建绿色工厂，打造绿色供应链，开发绿色产品，建设绿色园区。加快推进制造业绿色低碳转型，全面提升资源能源利用水平，强化绿色技术创新和推广应用，构建高效、清洁、低碳的绿色产业体系。

二、实施数字经济加速推进工程

深入贯彻网络强区、数字新疆战略，推进数字产业化和产业数字化，培育数据要素市场，推动数字经济和实体经济深度融合。

一是积极推进数字产业化。深化新一代信息技术在各领域的融合集成创新应用，大力培育大数据、人工智能、区块链、5G 应用产业。加快软硬件产品本地化生产，支持乌鲁木齐打造信创产业生态园区。持续推进乌—昌、克拉玛依等地数据资源基地建设，打造国家绿色数据中心。开展"5G＋"应用示范，重点在工业、旅游、医疗、教育等行业开展试点示范。推动区块链技术在智能制造、农产品安全追溯、金融、社会信用等领域应用。

二是深入推进产业数字化。持续实施"疆企上云"行动，推动工业、农业、服务业、建筑业等向数字化、网络化、智能化升级。鼓励企业发展网络体验、智能零售、共享经济、平台经济等新模式，打造数字经济新实体。发展数字创意产业，推动数字创意与生产制造、文化教育、旅游体育、健康医疗和养老等深度融合发展。

三、实施传统产业转型升级工程

立足市场需求，强化重点产业链资源节约和综合利用，大幅提高精深加工比重和能效水平，大力推进和改造提升有色金属、钢铁、建材等传统优势产业发展，推动强基增效和转型升级。

一是延伸发展有色金属工业。加快新疆有色金属优势资源转化，建设全国重要的战略性矿产资源基地和有色金属产业基地。加大优势有色金属资源开发力度，大力延伸铝、铜、镍、镁下游精深加工产业链，发展高纯铝、电极箔、蓝宝石、铍铜合金、铝镁合金等下游精深加工产品，提高疆内铝、铜、镍、镁就地转化比例。

二是优化发展钢铁工业。加快钢铁行业优化重组，积极发展汽车、机械等装备制造业用钢，能源、化工用钢，钢板带材产品和绿色建筑用钢材，加快开发利用钒钛、锰铁矿资源，发展钒钛合金、硅锰合金等产业。

三是改造提升建材工业。大力实施建材产业绿色化、智能化升级改造，鼓励发展保温、装饰、结构等功能一体化复合板材和功能型装饰装修材料及制品。提升各类建筑装饰板材、复合板材、石材等精深加工产品生产制造工艺水平，着力打造一批建材部品和绿色建材产业集聚区。

四、实施新兴产业倍增工程

坚持消费引领、创新驱动、融合发展，重点发展先进装备制造、新能源、新材料、生物医药、新能源汽车等战略性新兴产业，培育新技术、新产品、新业态、新模式，着力提升产业核心竞争力，打造一批优势互补、结构合理、各具特色的战略性新兴产业集群。

一是做优做强先进装备制造业。推进重点地区建设先进装备制造业基地。

围绕输变电装备、新能源装备、农牧机械及农产品加工装备、汽车及轨道交通装备、能源及化工装备、节能环保装备、建筑与矿山机械装备、纺织专用装备、高端医疗装备、旅游装备、精密铸造等重点领域，培育优势产业链，加快形成先进装备制造业集群。

二是壮大优化新能源产业。积极发展风电、太阳能发电、氢能、地热（干热岩）、生物质能等绿色能源，建设国家大型清洁能源基地。加快光伏、风电关键设备及零部件研发和生产。先行开展工业副产品制氢。有序开展智能光伏、风电制氢试点。加强抽水蓄能、储能等相关产业发展，推进风光水储一体化清洁能源发电示范工程。

三是优先加速发展新材料产业。大力发展硅光伏、硅电子、有机硅、硅合金等硅基新材料产业，推动"煤电硅材一体化"绿色发展模式上新水平。支持发展铝基新材料产业，打造铝基新材料产业集群。加快发展铜基新材料、钛及钛合金新材料、稀有金属新材料、生物基新材料、化工新材料、碳基新材料、锆基新材料、镁基新材料及复合新材料、前沿新材料，加快无机非金属矿物功能材料、高性能复合材料等新材料发展。

四是培育壮大生物及生物医药产业。积极发展特色动植物提取物、特殊营养品和生物制品，推进医药中间体、传统酿造生物技术深加工产业化。重点支持企业创新发展新型动物疫苗、兽药等重大产品。支持乌鲁木齐、伊犁、阿勒泰等地建设现代化中药产业化基地、原料药基地，支持阿勒泰、和田、喀什、阿拉尔、图木舒克等地建设中药材种植基地。

五是培育发展航空航天产业。充分发挥库尔勒发展航空航天产业的独特优势，培育发展商业航天，大力推进商业运载火箭、微小卫星、北斗应用发展。强化航空航天关联制造，积极发展数字化装配设备、航空航天新材料、地面保障设备、专业维修和再制造。积极打造航空智造园、航空科创谷、航空服务区，推动航空航天研发设计、高端制造、运营服务融合发展，以航天智慧创新为支撑，努力打造具有影响力的航空航天制造业集群。

六是积极培育新能源汽车产业。推动发展新能源汽车产业，鼓励发展燃料电池、纯电动和插电式混合动力的轿车、客车、特种车、专用车等新能源汽车。积极引进和培育新能源汽车整车生产、配套零部件制造等企业，提升新能源汽车产品疆内协作配套率。

第四节　推进新疆工业高质量
发展的政策建议

加快推进工业高质量发展，推进工业产业基础高级化、产业链现代化，构建面向工业生产现代服务业、科技创新、现代金融、人力资源和对外开放协同发展的工业高质量发展新体系，优化向工业高质量发展集聚组合、协同发力的要素配置，切实推动新疆工业经济实现高质量发展。

一、优先发展面向工业生产现代服务业

继续扩大优化服务业有效供给。精细分工面向工业生产的现代服务业，积极引导制造业企业分离非核心服务环节或领域，培育或引进专业化服务业龙头企业，鼓励服务业企业与制造业企业建立产业发展联盟，鼓励制造业企业从社会购买第三方专业化服务。

一是高效发展现代物流业。加快构建现代物流运行体系，推动疆内特色产品在全国的分类分级物流体系节点建设，共建物流云仓，打造集约高效物流服务运作平台。加快物流园区建设，围绕重点领域需求，积极引进疆内外大型第三方、第四方物流企业，推进智慧物流、特色专业物流发展，完善流通加工、包装、信息服务、物流金融等物流服务，支持物流业与工业融合创新发展，深度嵌入产业链供应链，助推产业升级。

二是着力推进电子商务。支持乌鲁木齐跨境电子商务综合试验区发展，推进阿拉山口、霍尔果斯两个跨境电子商务综合试验区建设，推进喀什、昌吉、阿克苏、库尔勒、奎屯等城市电子商务集聚发展。重点发展工业电商，积极参加国内大型或超大型工业品网销平台或联盟，积极搭建具有新疆特色的工业品零售和分销生态网络。完善电子商务物流体系，在广州、杭州等城市建立分仓中心，在"一带一路"沿线国家建设海外仓。

三是积极发展科技服务业。高水平推进乌昌石国家自主创新示范区建设，积极发展工业设计、创业孵化、知识产权、科技咨询等科技服务机构，提高产业发展支撑服务能力。制定实施具有新疆特色的产业知识产权战略，大力引入

新疆以外的优质知识产权服务龙头机构，同发达省市共同构建知识产权联盟。

四是加快推动现代服务业集聚区建设。推进乌鲁木齐、库尔勒、喀什市等铁路物流港建设，构建内畅外联多式联运网络。在现代服务业集聚区构建金融、信息咨询、物流等服务业支持工业发展服务体系。引导生产性服务业向工业园区、经济开发区等制造业集聚区分布。以旅游业、现代物流、金融业为主导，以软件和信息技术服务业、电子商务、科研和技术服务业为先导，形成新疆特色的优势服务业聚集区。

二、强化科技创新引擎机制

坚持把创新作为引领高质量发展的第一动力，着力破解制约新疆工业高质量发展中的技术瓶颈，加快工业发展从要素驱动向创新驱动转变，提高工业领域科技供给能力和质量，推动产业链再造和价值链提升，为推进新疆工业高质量发展贡献科技力量。

第一，围绕产业需求，推动创新供给侧结构调整。发挥好新疆国家级园区的创新示范引领作用。推进碳、硅基等能源资源化学与利用国家重点实验室建设，在新能源、新材料、生物医药、化工、制造业等领域建立一批国家重点实验室、国家级制造业创新中心、省部共建重点实验室、科技创新基地。鼓励园区跨区域协同创新，组建跨园区、跨行业联合的产业集群创新联盟。围绕煤炭、石油、矿产、农副产品、光热等优势资源，加快建立一批面向市场需求的产业技术新型研发机构。

第二，夯实科技创新基础，持续增强自主创新能力。加快推进创新平台与基地建设。围绕国家级和自治区级重点实验室、工程技术研究中心，重点在乌昌石区域打造新能源、新材料、生物医药、化工等特色科技创新基地，加快成立一批面向市场需求的产业技术研究院等新型研发机构。鼓励创新龙头企业联合高校、科研机构及上下游配套企业在新疆设立分支机构或共建新型研发机构。吸引和支持援疆省市领先企业和行业龙头企业在新疆设立研发分中心。支持符合新疆经济特色的行业新型研发机构建设。

第三，强化创新开放合作，着力引进高水平创新资源。推进"中国—中亚科技合作中心"总部、"一带一路"国际创新园、中亚民族药创新药物研发国际科技合作基地与国际工业合作产业园等建设，推进中塔农业联合研究中心、中哈数字旅游场景体验中心、中哈跨境电子商务平台建设。建设中国科学院中亚科学研究中心。鼓励海内外大型知识产权服务机构、检验检测认证机构、科技咨询服务机构、科技智库入驻新疆各类科技园区和特色产业集聚区。

三、顺畅现代金融服务机制

进一步深化金融服务创新，引导金融机构回归实体经济本源，促进工业经济转型升级和强基增效，实现工业经济和金融良性互动发展。

第一，完善金融服务体系，保障实体经济资金需求。创新金融产品和服务。强化地方政府融资服务平台建设，发展民营银行和社区银行。重构融资担保体系，规范和完善具有新疆特色的融资担保体系，鼓励地方政府加大对政府性融资担保机构的资本金投入，建立自治区级融资担保风险补偿基金。

第二，提高金融服务质量，助推工业经济提质增效。大力发展普惠金融、科技金融、绿色金融、供应链金融，鼓励银行加大对新疆支柱产业以及物联网、大数据、智能制造、电子信息、生态环保、节能环保、生物医药、高端装备、新能源新材料等战略性新兴产业、创新驱动重点项目的信贷投放力度。强化信用融资、证券、保险、信托、担保等对市场主体的融资力度。推进新疆企业赴多层次资本市场挂牌融资，支持企业到境内外交易所、全国股转系统、新疆股权交易中心等资本市场挂牌上市，加快重点培育企业上市进程。大力发展各类投资基金，重点发挥好政府引导基金对于推进工业高质量发展的作用。重点引进和培育壮大证券投资、基础设施投资、产业发展、私募股权投资等基金，支持新疆工业高质量发展。进一步推动保险支持工业经济发展，吸引保险资金参与重大基础设施项目建设。大力推进绿色金融工程，鼓励准东、哈密等资源富集区域开展绿色信贷、绿色金融债券、绿色融资试点示范。

四、健全人力资源发展机制

坚持把人才作为支撑工业发展的第一资源，健全人才发展政策体系，全方位培养、引进、用好人才，保障人力资源实现有效供给。实施人才强区战略，加快人才集聚培育。加大科技领军人才、骨干人才、优秀年轻人才培养和引进力度，加强专业技术人才、高技能人才队伍建设。大力培育高技能人才，支持在新疆的高校和职业技术（技工）院校根据新疆工业高质量发展优化学科（专业）设置，根据新疆工业发展需求进行院校合作开展人才培养。发挥援疆优势，争取中央、援疆省市和央企支持，柔性汇聚新疆急需的高层次创新人才。设立创新人才柔性工作站，与中东部发达省区建立创新人才共享机制。坚持以"高精尖缺"为导向，致力打造"引得进、用得好、留得住"的引才用才环境。强化人才对工业经济发展的支撑作用，推动人才项目和产业规划高度融合，研究制定"丝绸之路经济带核心区"建设、"中巴经济走廊"建设、自贸区建设以及重大项目、重大科技工程等人才支持措施。

第四章
千方百计推进旅游业高质量发展

本章对 2021 年以来新疆旅游经济发展进行了分析及预测，并提出了应对举措。从传统节假日异彩纷呈、4A 级和 5A 级景区仍是游客首选、外省游客进疆稳步回升、旅游多种业态齐头并进、住宿餐饮业复苏明显、新型消费力加快增长、客货运输能力持续提升、本地突发疫情冲击旅游市场八个方面进行了特点阐述；从落实疫情防控首位工作、旅游发展保持稳定环境、综合经济发展态势良好、同心协力推进旅游兴疆、持续升级完善基础设施、多方共行保障旅游市场六个方面剖析了面临的形势。最后，从六个方面提出了加快新疆旅游经济恢复发展的建议举措。

第一节　新疆旅游经济发展的主要特点

当前，新疆"旅游兴疆"战略全域持续推进，全疆大小景区景点立足本地特色资源、丰富旅游产品、提升服务质量，旅游业呈现良好发展势头。自治区党委、政府按照高质量发展要求，紧扣人民旅游发展需求，以大力发展全域旅游为抓手，全面实施旅游兴疆战略，坚持疫情防控与旅游振兴同步发展，不断扬优势、强基础、补短板，推动新疆旅游经济复苏回归回升。2021年，全区上下继续围绕旅游兴疆战略，着力做好"新疆是个好地方"旅游品牌，多措并举提振旅游经济。根据国家计算机网络与信息安全管理中心新疆分中心游客流量监测统计数据，2021 年 1～9 月全疆累计接待游客 1.55 亿人次，实现旅游收入 1182 亿元。

一、假日假期旅游异彩纷呈

元旦假期。新疆在严格落实常态化疫情防控措施的前提下，各地以冰雪、康养、体育旅游等为主题开展"线上、线下"活动近百项，各地州市还推出多项冰雪旅游优惠政策，包括滑雪场门票打折、淡季游活动、旅游消费券发放、景区景点公交一元游、发放冬季旅游健身券、设立旅游专项电子消费券等多种优惠，吸引了不少游客参与冰雪游。2021 年元旦假期期间，累计接待国内游客 132.14 万人次，实现旅游收入 9.84 亿元。其中，累计接待疆内游客 119.08 万人次，实现旅游收入 4.27 亿元；累计接待疆外游客 13.06 万人次，实现旅游收入 5.57 亿元。

春节假期。全疆以"新疆是个好地方——幸福生活幸福年"为主题，各地举办民俗体验、文艺演出、展览讲座、全民阅读、文物展示、冰雪嘉年华等文化和旅游活动，假日文化和旅游市场充分活力。2021 年春节假期期间，累计接待国内游客 340.94 万人次，实现旅游收入 25.91 亿元。

清明节假期。人们或走进红色旅游景点追思先烈，或踏青、赏花、放风筝，假期文旅活动丰富多彩。2021 年清明节假期，全区接待国内游客 179.75 万人次，同比增长 29.75%；实现旅游收入 14.70 亿元，同比增长 189.94%。

"五一"假期。全区449个景区恢复开放，开业率达87.18%。疆外游客人数大幅增长，各景区恢复门票、区间车收费，促进旅游消费收入增加。2021年"五一"假期，全区累计接待国内游客500.11万人次，同比增长13.61%；实现旅游收入43.11亿元，同比增长142.46%。其中，累计接待疆内游客436.43万人次，实现旅游收入15.21亿元；累计接待疆外游客63.68万人次，实现旅游收入27.90亿元。

中秋节假期。根据自治区旅游发展委员会公布的数据，2021年中秋节假期，全区接待游客320.15万人次，实现旅游收入21.90亿元。马蜂窝旅游大数据显示，2021年中秋节假期期间本地游产品订单量超过50%，阿勒泰地区入选2021年中秋节假期旅行目的地。假期期间，"寻味雪都阿勒泰"第二届阿勒泰美食文化旅游节在阿勒泰市和田夜市同时举行；乌什县首届国际沙棘文化旅游节之"泉城乌什·葡萄熟了"丰收采摘节在阿合雅镇欣禧源葡萄基地开幕，尉犁县罗布人村寨景区举办"中秋露营赏月·篝火狂欢晚会"，鄯善库木塔格沙漠景区举办"沙漠寻宝探险"、沙雕DIY等文化和旅游活动，吸引大批本地及周边县市游客。

"十一"假期。根据自治区旅游发展委员会公布的数据，经第三方统计公司抽样调查并综合测算，2021年"十一"假期期间，即10月1~7日，新疆累计接待国内游客1021.27万人次，按可比口径同比增长31.05%；实现旅游总消费142.47亿元，按可比口径同比增长37.56%。

二、4A、5A级景区是游客首选

2021年1~9月，全区139家4A、5A级景区累计接待国内外游客6662.16万人次，比上年同期增长214.6%，其中疆内游客5573万人次，同比增长191.4%，占游客总人次的83.7%；外省游客1086.63万人次，同比增长423.1%，占游客总人次的16.3%；境外游客2.25万人次，同比增长7.9%，占游客总人次的0.03%。从景区接待规模分布看，在139家4A、5A级景区中，那拉提景区、喀纳斯景区、天池景区、帕米尔旅游景区、博斯腾湖景区、青格达湖景区、国家湿地公园、伊犁河景区、木垒天山农业公园、阿克苏多浪河景区、滨河景区、达玛沟佛教文化遗址、水磨沟风景区、克拉玛依河景区、五家渠海宁皮革城、大巴扎、矿山公园、新疆农业博览园等表现非常突出，单月接待游客数量 10 万人次以上，2021 年前三季度累计接待游客规模突破 100 万人次。

三、外省游客进疆稳步回升

旅游兴疆战略持续推进，旅游专列开行数量继续增长，引客入疆成效进一步显现。例如，节假日期间，新疆铁路根据主要旅游景区景点的特点及运距长短设计了不同方向、满足不同需求的旅游专列。2021 年"五一"国际劳动节假期期间，推出"人间净土喀纳斯""诗画塔城""塞外江南伊宁"等旅游专列；"十一"国庆节假期期间，新疆铁路部门推出的热门旅游线路"环游北疆""畅览南疆""奇幻火洲""相约敦煌""缘满南疆"等旅游专列相继开行。印制《新疆休闲农业和乡村旅游精品线路推介手册》，打造"春赏花""夏纳凉""秋采摘""冬农趣"精品线路，唱响"新疆是个好地方"旅游品牌。据国家计算机网络与信息安全管理中心新疆分中心游客流量监测统计数据显示，2021 年 9 月全区 139 家 4A、5A 级景区共接待外省游客173.56 万人次，同比增长 1967.3%；境外游客 3422 人次，同比增长720.4%。2021 年 1～9 月，累计接待外省游客 1086.63 万人次，同比增长423.1%，外省游客进疆游更加火爆。从景区游客客源地构成看，甘肃、四川、河南、广东、陕西、江苏、北京、辽宁、山东、上海、浙江 11 个省市的游客规模靠前。2021 年 9 月，139 家 4A、5A 级景区接待 11 省市游客约123.73 万人次，占比 71.29%。其中：甘肃 24.56 万人次、四川 22.47 万人次、河南 13.28 万人次、广东 9.46 万人次、陕西 8.43 万人次、江苏 8.34 万人次、北京 8.27 万人次、辽宁 8.26 万人次、山东 6.94 万人次、上海 6.93万人次、浙江 6.79 万人次。2021 年 1～9 月，接待游客数为：甘肃 126.62 万人次、四川 113.99 万人次、河南 87.95 万人次、广东 48.32 万人次、陕西51.50 万人次、江苏 89.18 万人次、北京 57.87 万人次、辽宁 24.75 万人次、山东 47.93 万人次、上海 68.46 万人次、浙江 43.45 万人次。

四、旅游多种业态齐头并进

随着疫情的逐步稳控，旅游市场全面恢复开放，夜间旅游、红色旅游、民俗文化游、乡村休闲游、生态观光游等多业态齐头并进。夜间经济开启"擦亮"模式，2021年以来，新疆各地州县市大力发展夜间经济，夜食、夜购、夜练、夜读、夜展、夜游等各类多业态融合和特色主题夜间休闲消费活动日益丰富，促进市场消费，为城市经济发展增添新的活力。同时，夜间经济带动了平台经济、共享经济、休闲经济、假日经济、小店经济，打造一批具有较高知名度和美誉度的夜间经济区域，通过引进升级歌舞、非遗展示、水果巴扎、乐器制作等旅游业态，推动消费扩容提质。参与红色旅游线路的游客倍增，铁路部门围绕庆祝建党100周年，推出疆内多方向多条红色旅游专列线路，深受游客喜欢。各旅行社也纷纷推出了研学红色旅游产品。红色旅游火热，成为新疆旅游市场最亮的风景。周边休闲游和自驾游成为"新疆人游新疆"的主要方式。其中，伊宁市滨河景区、乌鲁木齐市红山公园、喀什市北湖公园等景区游客人数增长较多；赛里木湖、塔莎古道、盘龙古道、G219边境旅游线成为自驾游的网红打卡热点地，仅塔什库尔干县盘龙古道小长假期间就迎来了5000多名自驾游游客。2021年"五一"假期期间，"送客进疆"暖场旅游市场效果凸显，满载767名游客的"鲁疆号"旅游援疆专列抵达喀什，开启了"丝路风情、醉美喀什"之旅，19个援疆省市通过专列、包机、自驾游等形式向新疆输送游客，数百项文化活动成功举办，进一步丰富了疆内外居民及游客的精神文化生活。

五、住宿餐饮业复苏明显

2021年国内疫情防控形势总体保持良好，人们出游信心不断恢复，出游需求日益增加。据去哪儿网数据统计，"五一"假期期间，居民出游虽以周边游、短途游为主，但向西北和西南跨省长线游再度火热。在酒店预订增幅最高的10个目的地中，4个目的地来自新疆，其中和田酒店预订增幅超7倍。自治区统计局公布的数据显示，2021年1~9月，全区住宿业实现营业额63.63亿元，比上年同期增长26.7%；餐饮业实现营业额269.28亿元，增长31.6%。其中：限额以上住宿业营业额增长28.10%，限额以上餐饮业营业额增长24.2%。住宿和餐饮业与旅游业相互促进、相得益彰。

六、新型消费力加快增长

2021 年 1~9 月，全区限额以上批发零售企业通过公共网络实现商品销售额同比增长 90.4%，增速比 1~5 月提高 52 个百分点；限额以上住宿单位通过公共网络实现的客房收入增长 1.3 倍；限额以上餐饮业通过公共网络实现的餐费收入增长 41.4%，较 1~5 月份有所下降，降低 6.8 个百分点。

七、客货运输业绩高位增长

自治区各地进一步完善综合立体交通网络，为推动文化和旅游高质量发展做好保障，以全新的优势提升旅游业规模和质量。据行业部门统计，前三季度新疆旅游业发展良好，全区航空运输能力支撑保障作用更加有力。2021 年 1~9 月，新疆机场集团累计完成旅客吞吐量 1319.6 万人次，较上年同期增长 21.7%；货邮吞吐量和航班起降架次也持续实现较大增幅，分别完成 9.8 万吨、13.7 万架次，较上年同期增长 31.1%、26.5%，三项指标增幅均超过 20%。其中，新疆机场集团 8 月份单月旅客吞吐量首次突破 200 万人次大关，达到 205 万人次。明确定位中国西部门户枢纽的乌鲁木齐国际机场，三大指标更是一路飘红，屡创新高。2021 年 1~9 月，乌鲁木齐机场累计完成旅客吞吐量 1019.8 万人次，较上年同期增长 20.9%，在全国机场排名中位居第 15 位，增幅居全国 21 个大型机场之首；货邮吞吐量和航班起降分别完成 9.05 万吨、9 万架次，较上年同期增长 30.4%、21.4%，继续呈现高位增长态势。

八、突发疫情冲击旅游市场

新疆旅游因突发新冠肺炎疫情被按下暂停键，国内出港航班取消率高达 95%，长途游市场受到冲击。受疫情常态化影响，人们的出行习惯已发生变化，更加青睐于周边游、安全游、品质游。受疫情冲击，新疆暑期市场平淡收尾，诸多旅游业界人士格外看重"十一"国庆黄金周，预期能在中远程旅游市场有所突破。但是，2021 年 10 月 3 日，新疆伊犁州霍尔果斯市突发新冠肺炎疫情，首府伊宁市公路、铁路、飞机全面暂停，以新疆旅游为代表的长途游市场目前来看不容乐观。根据文旅中国大数据中心监测数据显示，截至 2021 年 10 月 6 日下午 18 时，新疆多地机场航班大面积取消，铁路、公路全面暂停。其中，伊宁市（伊犁州首府）国内进港航班取消率高达 81%，国内出港航班取消率高达 95%。

第二节　当前新疆旅游经济发展面临的形势

2021 年以来，自治区党委、政府高举中国特色社会主义伟大旗帜，深入贯彻党的十九大和十九届历次全会精神，坚持以马克思列宁主义、毛泽东思想、邓小平理论、"三个代表"重要思想、科学发展观、习近平新时代中国特色社会主义思想为指导，贯彻落实第三次中央新疆工作座谈会精神，完整准确贯彻新时代党的治疆方略，牢牢扭住新疆工作总目标，坚持党的全面领导，坚持依法治疆、团结稳疆、文化润疆、富民兴疆、长期建疆，贯彻落实自治区第十次党代会精神，紧紧围绕"举旗帜、聚民心、育新人、兴文化、展形象"的使命任务，坚定文化自信，增强文化自觉，坚持稳中求进工作总基调，立足新发展阶段，贯彻新发展理念，构建新发展格局，以推动文化和旅游高质量发展为主题，以深化供给侧结构性改革为主线，以改革创新为根本动力，以满足人民日益增长的美好生活需要为根本目的，不断铸牢中华民族共同体意识，深入开展文化润疆工程，持续推进旅游兴疆战略，推动文化和旅游深度融合发展，多层次、全方位、立体式讲好新疆故事，叫响"新疆是个好地方"品牌，旅游业逐步成为新疆经济高质量发展的重要引擎和战略支柱产业。

一、落实疫情防控首位工作

在自治区党委、政府的坚强领导下，各级涉旅单位积极健全疫情防控应急机制，把疫情防控放在首位，抓紧抓实抓细各项防控工作，把防控责任落实到部门和个人，确保各项措施执行到位，主动做好宣传引导。各旅游景区加强员工健康监测和管理，做好员工健康监测和报告，实行"一进一测一登记"制度，及时报告出现的异常情况；强化疫情防控培训，确保员工上岗前具备必需的防控和处置知识与能力；严格上岗工作规范。做好景区公共卫生和场馆防控，加强清洁消毒；做好医务服务；实施分区分项开放，对不符合开放条件的场所及容易形成人员聚集的项目，不开放或延后开放。提升公众疫情防控意识，避免因景区开放造成大范围跨区域人员流动而增加疫情防控风险。

二、旅游发展保持稳定环境

在以习近平同志为核心的党中央坚强领导下，新疆各级党委、政府牢牢聚焦社会稳定和长治久安总目标，持续对暴力恐怖活动和宗教极端势力保持高压态势，通过一系列维稳组合拳，狠狠打击了危害社会治安和民族团结的犯罪分子的嚣张气焰。全自治区已经连续 4 年多没有发生危害社会稳定的事件；依法加强宗教事务管理，坚决打击宗教极端思想，杜绝极端宗教势力对一般信教群众的渗透，保护合法宗教活动；加强民族团结宣传教育，通过各种形式的宣传教育，引导各族群众牢固树立"三个离不开"思想，不断增强"五个认同"，明白各民族只有团结一心，共同奋进，自治区才会更加繁荣富强、和谐美好。通过各族干部群众的共同努力，自治区党委提出的社会稳定"五年目标"规划基本全面实现。持续稳定的社会环境为新疆旅游经济发展，特别是南疆旅游产业兴盛繁荣创造了良好的社会环境。

三、综合经济发展态势良好

2021 年以来，在自治区党委坚强领导下，全区上下紧紧围绕社会稳定和长治久安总目标，积极应对疫情对旅游业等经济产生的冲击，千方百计争取把疫情造成的损失补回来。2021 年 1～9 月，全区经济发展呈现"高开稳走、稳中有进、进中固基"的良好态势，主要经济指标增长较好，实现平稳上升。农业生产大幅增长，工业生产保持平稳增长，消费市场恢复性增长，固定资产投资持续增长，进出口总额小幅增长，服务业加快回升。新疆国民经济运行情况显示，2021 年前三季度，新疆地区生产总值（GDP）11396.14

亿元，按可比价格计算，同比增长 8.8%，两年平均增长 5.4%，增速高于全国平均水平；从行业来看，根据地区生产总值统一核算结果，1~9 月，全区第一产业增加值 1484.43 亿元，增长 6.9%，两年平均增加 5.3%；第二产业增加值 4204.69 亿元，增长 10.4%，两年平均增加 8.6%；第三产业增加值 5707.02 亿元，增长 8.2%，两年平均增加 3.3%。

四、同心协力推进旅游兴疆

自治区党委高度重视现代旅游业发展，做出实施旅游兴疆战略重大决策部署。一是围绕实施旅游兴疆战略，自治区各级各部门纷纷出台切实措施，助力旅游产业发展。二是一批涉文旅交通基础设施完工或启动，立体交通网让出游成本更低。新疆地域辽阔，景点分散，游客的时间成本较大，打造交通"快进"系统可大幅降低旅客的在途时间，群众出行、游客旅行将更加便捷。三是及时出台政策措施，助力旅游产业恢复，鼓励引导旅游企业依托知名在线旅游服务商平台或者品牌连锁集团的在线旅游服务平台，提供在线旅游预订、咨询和支付结算服务；开展自媒体宣传营销活动。四是以丰富的活动优惠举措激活疆内游，以周边游、短途游、疆内游为重点，推出百余条旅游线路，"新疆人游新疆""当地人游当地"成为主流，农家乐和品牌民宿更加丰富、"自驾＋旅游""自驾＋研学""自驾＋康养""自驾＋民宿"等深度融合，疆内旅游持续升温。五是"网红景点"人气继续攀升。网红热门景区喀纳斯 2021 年以来累计接待国内外游客 1000.21 万人次，独库公路、新疆国际大巴扎、霍尔果斯中哈国际旅游区等景点也引得游客争相"打卡"，依托新媒体助力新疆旅游经济发展成效明显。

五、持续升级完善基础设施

旅游业高质量发展的前提是完善的基础设施。突如其来的新冠肺炎疫情对自治区社会经济发展带来了很大的挑战，投资与消费和进出口相比，对经济增长的拉动作用更加明显。按照党中央做好"六稳""六保"工作要求，自治区集中一切力量，积极应对，主动出击，努力将疫情影响降到最低，确保自治区经济社会平稳健康运行。积极扩大有效投资，2021 年 1~9 月，全区固定资产投资（不含农户）比上年同期增长23.2%，增速比上年同期提高5.9个百分点，两年平均增长20.2%，增速持续领跑全国。按照"建设一批、开工一批、储备一批"的部署要求，自治区重大项目建设正在有力有序加快推进。同时，建设项目加快实施。从行业看，2021年前三季度，全区基础设施行业完成投资比上年同期增长13.0%，其中交通运输、仓储和邮政业投资增长19.3%，水利、环境和公共设施管理业投资增长14.3%。一批道路交通、旅游景点基础设施的建设使新疆旅游产业恢复发展的基础更加牢固。

六、多方共行保障旅游市场

围绕文化润疆和旅游兴疆战略，融合"吃、住、行、游、购、娱"六大旅游要素，全疆各地将文旅产业发展纳入"十四五"规划发展重点，并编制完成《新疆维吾尔自治区文化和旅游发展第十四个五年规划》，加快推进新疆文化和旅游高质量发展，积极研究制定具有当地旅游特色的地方标准，构建较为完善的旅游标准体系，实现旅游业全程标准化，提高旅游产品质量和服务水平。引导企业更好地贯彻实施旅游标准，加速提高旅游服务质量，营造更加规范有序的旅游市场秩序。同时，全疆各地持续加大文化旅游市场秩序整顿，规范文化旅游企业经营行为。对于个别旅游经营从业者为获短期效益，做出有损行业形象、损害消费者利益的行为，各地文旅部门则予以重拳打击。

同时也要看到，当前新疆旅游及发展还面临一些的困难和风险，应当引起高度重视。一是从国际看，新疆社会稳定形势仍面临很大压力。虽然自治区全面贯彻落实党中央治疆方略，取得了打击"三股势力"的决定性胜利。但是，国际上以美国为首的西方反华势力加大利用、策动"疆独分子"掣肘遏制中国发展，"三股势力"仍有死灰复燃的可能。2021年以来，以美国为首的几个国家的反华势力以新大肆炒作"新疆棉花、番茄种植业强迫劳动"，围绕"强迫劳动"大做文章，颠倒黑白，险恶用心无处不用其极，仍需高度警惕。二是从国内看，新疆是人口较少，城乡居民收入偏低，旅游资源丰富，但内部消费拉动能力有限，积极引客入疆仍是拓展提升旅游产业发展壮大的重要战略举措。2021年以来，新冠肺炎疫情对旅游经济发展的影响仍然普遍存在，统筹抓好常态化疫情防控和旅游业发展各项工作，紧紧围绕自治区党委确定的目标定位和发展方向，坚定不移推动旅游兴疆战略深入实施，依然是肩挑重担，需谨慎前行。三是从产业看，新疆旅游业态创新双循环压力依然较大。新疆城镇化水平依然有较大提升空间，城乡居民收入层次和所处阶段对于旅游消费的支撑作用还不够强劲，受社会稳定和疫情防控影响，人员流动制约因素依然存在。同时，全区旅游业态的拓展依然不够充分，周边游、乡村游、民宿游、夜间游、自驾游等仍然停留在观景看花、骑马射箭、拍照留念、越野体验等内容，与文化的融合还不够，挖掘创作的文旅融合产品欠缺，市场化增产促收的能力亟待加强。

第三节　加快新疆旅游经济恢复发展的几点建议

2021年以来，在保市场主体、保就业等政策支持下，居民就业总体持续改善，居民收入持续回暖，奠定了消费复苏基础。消费复苏总体上一直偏弱，不及预期，主要原因是"十一"期间突发新冠肺炎疫情及近期全国疫情有所反弹，持续影响新疆旅游经济发展。同时，进入11月以来，全区大范围降雪冰冻天气开始，大部分项目实施受季节气温影响，进度将放缓；部分项目将季节性停工，涉及旅游相关的道路交通、配套设施、融合产业、景点建设等将受到影响。2022年新疆旅游业走向仍取决于疫情形势，国际疫情如得到有效控制，出入境防控链条更加高效完善，疫苗研发及免疫群体进一步扩大，旅游消费仍可实现进一步复苏。截至目前，国内疫情整体平稳，但个别城市仍有零星病例，加之国外疫情还有发展和反复，因此我们要认真贯彻落实党中央和自治区党委关于疫情防控的决策部署，坚持疫情防控为先，严守安全底线，严格落实旅游景区游客流量最大承载量约束要求，做到限量开放、预约开放、错峰开放，同时强化资金投入，严格市场监管，多措并举推动新疆旅游经济平稳有序恢复发展。

一、紧抓疫情防控不松懈

坚持将疫情防控关口前移，严格落实分区分级防控要求，强化员工疫情防控培训，严格上岗工作规范，加强人员健康监测和管理，做好场所的通风换气和清洁消毒、人流控制等工作。景区设置监测站、设立隔离室，采取测体温、戴口罩、扫描"健康码"等检验手段，严格身份验证和实名登记。旅游宾馆饭店、旅游厕所等场所严格落实卫生防疫要求，开展定时消杀，实行客房日用品"一客一换一消毒"。加大安全生产隐患排查和整治力度，强化旅游包车管理、完善防汛备汛措施、抓好火灾防控工作，落实食品安全管理要求，根据排查情况，及时调整完善安全应急预案，严格落实旅游企业安全生产主体责任。

二、促进智慧旅游提效能

创新在线旅游购物和餐饮服务平台，积极推广"线上下单、线下购物"的在线旅游购物模式，整合上下游及平行企业资源、要素和技术，推动"旅游＋互联网"的跨界融合。依托大数据积极推进智慧旅游平台建设，从游客需求出发，为游客提供智能化、人性化、多样化的服务，提升服务品质。充分发挥互联网在旅游管理上的作用，对旅游活动的全流程加强监管，重点对景区进行实时监测，采取远端劝导和现场分流相结合的方式，严防景区入口、停车场、重要游览点、售票处、餐饮等区域发生人员瞬时聚集。对旅游景区严格落实分时段预约制度，及时公布、更新预约信息，推出网络预约购票服务，实行线上实名购票及电子验票等"无接触服务"，引导游客间隔入园、错峰出游。游客通过旅游景区网站、在线旅游平台、微信公众号、微信小程序等多种途径实现预约。"旅游＋互联网"实现互联网品牌与产品销售、信息服务、资源优势融合发展。同时，加快区内文旅资源线上产品设计与开发，增加虚拟现实体验。

三、丰富旅游产品新形式

树立让"在疆人员游玩起来、幸福起来"的理念，着力做足吸引疆内游客的文章，增强游客的体验度和舒适度。加快激活疆内旅游市场，针对游客的个性化、品质化、体验化需求开发新的旅游产品。培育旅游经济新的增长点，大力发展乡村旅游、工业旅游、"智慧"旅游、自驾游；大力发展"夜间旅游经济"，拉动投资消费；大力发展康养游、亲子游、近郊游、结亲游，不断提升各族群众的获得感、幸福感、安全感。深入挖掘当地历史文化和旅游资源，鼓励引导"南北疆互动旅游"产品开发设计，让游客深度体验本地和周边地区深厚的历史文化，感知各地区稳定改革发展的新变化。提升交通、餐饮、住宿、讲解等服务的质量和水平，通过精细化、人性化管理使游客出游更便捷、更满意，进一步提升游客的体验度和舒适度。

四、增强基础设施支撑力

旅游兴疆是自治区党委从新疆经济社会发展全局出发，依据新疆旅游产业发展实际做出的重大决策，必须长期坚持。持续加大旅游基础设施建设既是贯彻落实中央做好"六稳""六保"工作部署，努力降低疫情影响，确保自治区社会经济平稳健康运行的需要，也是增强新疆旅游产业发展后劲，建设旅游强区的需要。对在建涉旅项目监督管理，保证建设质量和工期。加强旅游公共服务设施建设，在"新基建"中注重满足云旅游、预约旅游等的需求，特别是解决好"下乡游最后一公里路""周边游公共厕所""夜间游时段保障"等问题。用足用好中央自治区财政金融政策，引导鼓励社会资本加大对旅游景点基础设施建设投入，不断提升旅游产品质量和供给能力，擦亮"新疆是个好地方"品牌，提升新疆旅游整体形象。

五、实施支持旅游多项措施

严格落实带薪年休假制度。科学合理的休假制度也是旅游消费回升的推动力，通过严格落实或适当增加带薪休假天数，使人们自由选择出游时间和地点，从空间和时间上分流短时集中出行的客流，缓解假日期间部分旅游景点"吃不下"以及一些旅游景点"吃不饱"的问题，从而促进旅游资源的充分利用，拉动旅游消费稳定增长。推出系列旅游消费惠民措施，推动旅游经济复苏，提振消费信心。组织开展旅游消费季、消费月等活动，鼓励实施旅游消费券、景区门票减免、演出门票打折等措施；在依法合规的前提下，鼓励金融机构发行旅游消费联名银行卡，并给予特惠商户折扣、消费分期等用户权益。

六、提升人力服务与品质

作为人对人服务的产业，人力资本对旅游业高质量发展具有重要作用，人心恒定、队伍稳定，服务品质才能进一步提升。需要在逐步提升旅游从业人员素质的情况下，稳定基本旅游服务人员队伍；同时也需要提高核心岗位专业人才的核心能力，吸引更多优秀人才进入旅游行业。此外，还需要加快解决学用脱节的问题，全面提高旅游从业队伍的素质；同时采取有效措施弥补旅游景区、旅游新业态等运营人才缺乏的"短板"。

特色发展篇

第五章
畜牧乳业

　　畜牧业是关系国计民生的重要产业，畜产品是百姓"菜篮子"重要农产品。新疆是我国第二大牧区，畜牧业是新疆的传统基础产业和特色优势产业，是新疆"三农"发展的重要支柱，也是新疆全面推进乡村振兴、加快农业农村现代化的核心产业。高质量推进畜牧业发展是实现新疆畜牧业大区建设向强区提升的重要抓手，是实现农业农村现代化的重要任务之一。

第一节　畜牧业发展总体状况

步入"十四五"发展新时期，全区上下始终坚持以习近平新时代中国特色社会主义思想为指导，完整准确贯彻新时代党的治疆方略，坚持农业农村优先发展总方针，全面贯彻自治区党委"稳粮、优棉、强果、兴畜、促特色"部署要求，不断深化畜牧业供给侧结构性改革，多措并举，大力推进畜禽生产提质增效上水平，畜牧业实现了平稳健康发展。

一、畜牧业产值再上新台阶

2021 年，全区畜牧业产值为 1265.69 亿元，较上年增长 21.93%，占全区农林牧渔业总产值的比重由上年的 24.05% 增长至 24.6%。畜牧业产值在全国排名上升至第 15 位（2020 年第 18 位）。

二、牲畜存栏规模取得新突破

2021 年，全区牲畜存栏量达到 5770 万头（只、匹），其中马的存栏量位居全国之首（97.5 万匹）；羊的存栏量位居全国第 2 位（4569.6 万只）；牛的存栏量位居全国第 6 位（616.3 万头）。

三、畜牧业产业化发展开创新局面

截至 2021 年底，全区畜牧业专业合作社达到 1.14 万家，规模畜产品加工企业 463 家（其中国家级 8 家、自治区级 95 家），形成了年加工生鲜乳 150 万吨，屠宰加工牛羊 3500 万头（只）、生猪 550 万头、家禽 1.2 亿羽的生产能力。

四、畜牧业品牌建设取得新提升

截至 2021 年底，全区已打造新疆著名商标畜产品 37 个、有机认证产品

25 个、绿色认证产品 30 个、地理标志产品 11 个，并培育了一批优势畜产品企业品牌。

五、动物疫病防控建设取得新成效

截至 2021 年底，全区已连续多年未发生区域性重大动物疫情和重大畜产品质量安全事件。口蹄疫、高致病性禽流感、小反刍兽疫等重大动物疫病免疫密度常年保持在 90% 以上、免疫抗体合格率保持在 70% 以上的国家合格标准，畜产品抽检合格率保持在 98% 以上。

六、畜禽种业建设取得新成果

截至 2021 年底，全区已建成 8 个国家级和 11 个自治区级畜禽遗传资源保种场（区、库）、104 家种畜禽场，畜禽品种达 49 个（其中地方品种 35 个、培育品种 14 个）。牛、羊、猪、马、禽种源自给率分别达到 66%、61%、97%、95%、55%。

七、饲草料生产能力取得新增长

2021 年，全区饲草总产量约 5400 万吨，年籽实玉米产量 960 万吨，除满足自用外，年外调 150 余万吨。年产棉粕 200 万吨、棉壳 156 万吨，年外调棉粕 150 万吨、棉壳 80 余万吨，棉粕、棉壳外调比例达到 64.6%。全区饲料和饲料添加剂年产量 423 万吨。

第二节　奶牛规模养殖企业发展状况

奶业振兴，奶源是关键，奶牛规模化养殖是改善奶源的重要路径。随着人们对奶制品的需求越来越大，奶牛规模化养殖受到的重视程度也越来越高，鼓励规模化养殖奶牛是提高奶源质量、实现奶业振兴的重要措施，是推进奶业高质量发展的重要抓手。

一、奶牛规模养殖企业空间布局情况

奶牛规模养殖企业空间布局较为集中。2021 年，全区奶牛规模养殖企业主要分布在 10 个地（州、市），共 38 家，规模养殖场主要集中在伊犁州直、昌吉州、塔城地区三地州，奶牛规模养殖企业数量占 68.42%。38 家企业中，伊犁州 12 家、昌吉州 10 家，塔城地区 4 家、喀什地区 3 家、阿克苏地区 2 家、克拉玛依市 2 家、巴州 2 家、克州 1 家、乌鲁木齐市 1 家以及和田地区 1 家。其中，有 9 个县市拥有奶牛规模化养殖企业 2 家及以上，分别是呼图壁县（2 家）、昌吉市（4 家）、巩留县（3 家）、新源县（2 家）、昭苏县（2 家）、尼勒克县（3 家）、额敏县（2 家）、克拉玛依市（2 家）、巴楚县（2 家）。

二、奶牛规模养殖企业奶牛存栏情况

全区奶牛规模养殖企业以荷斯坦奶牛养殖为主。2021 年，奶牛存栏数为 75254 头，其中荷斯坦奶牛 58453 头，占奶牛存栏量的 77.67%；新疆褐牛 5741 头，占奶牛存栏量的 7.63%；西门塔尔牛 10760 头，占奶牛存栏量的 14.30%；其他品种奶牛 300 头。从荷斯坦牛存栏规模来看，排名前五的地（州、市）是昌吉州（36528 头）、喀什地区（4242 头）、克拉玛依市（4000 头）、巴州（3737 头）和塔城地区（3126 头）。从新疆褐牛村存栏规模来看，排名前三的地（州、市）是伊犁州直（3895 头）、塔城地区（1326 头）、昌吉州和乌鲁木齐市（均为 260 头）；从西门塔尔牛存栏规模来看，排名前三的地（州、市）是伊犁州直（8550 头）、昌吉州（2027 头）、阿克苏地区（150 头）（见表 5-1）。

表 5-1　　　　　　　全区规模养殖企业奶牛存栏情况

序号	地（州、市）	荷斯坦奶牛（头）	新疆褐牛（头）	西门塔尔牛（头）	其他品种奶牛（头）	合计（头）	各地州所占比重（%）
1	乌鲁木齐市	690	260	0	0	950	1.26
2	克拉玛依市	4000	0	0	0	4000	5.32
3	昌吉州	36528	260	2027	0	38815	51.58

续表

序号	地（州、市）	荷斯坦奶牛（头）	新疆褐牛（头）	西门塔尔牛（头）	其他品种奶牛（头）	合计（头）	各地州所占比重（%）
4	伊犁州直	300	3895	8550	300	13045	17.33
5	塔城地区	3126	1326	33	0	4485	5.96
6	巴州	3737	0	0	0	3737	4.97
7	阿克苏地区	3310	0	150	0	3460	4.60
8	喀什地区	4242	0	0	0	4242	5.64
9	和田地区	1520	0	0	0	1520	2.02
10	克州	1000	0	0	0	1000	1.33
	合计	58453	5741	10760	300	75254	100

资料来源：根据新疆各地州上报数据计算。

三、规模养殖企业泌乳牛养殖情况

全区规模养殖企业泌乳牛占比较少，但荷斯坦奶牛占比重较大。2021年，全区规模养殖企业泌乳牛数量为28479头，占奶牛存栏量的37.84%；其中荷斯坦奶牛为24079头，占泌乳牛数量的87.62%，占荷斯坦奶牛存栏量的41.19%；新疆褐牛为1981头，占泌乳牛数量的6.96%，占新疆褐牛存栏量的34.51%；西门塔尔牛为2419头；占泌乳牛数量的8.49%，占西门塔尔牛存栏量的22.48%。规模养殖企业泌乳牛主要分布在（前五名）昌吉州、伊犁州直、阿克苏地区、喀什地区和克拉玛依市（见表5-2）。

表5-2　　　　　　全区规模养殖企业泌乳牛存栏情况

序号	地（州、市）	荷斯坦奶牛（头）	新疆褐牛（头）	西门塔尔牛（头）	合计（头）	各地州所占比重（%）
1	乌鲁木齐市	305	0	75	380	1.33
2	克拉玛依市	1505	0	0	1505	5.28
3	昌吉州	15890	80	738	16708	58.67
4	伊犁州直	300	1650	1540	3490	12.25
5	塔城地区	1186	173	6	1365	4.79

序号	地（州、市）	荷斯坦奶牛（头）	新疆褐牛（头）	西门塔尔牛（头）	合计（头）	各地州所占比重（%）
6	巴州	501	78	0	579	2.03
7	阿克苏地区	1720	0	60	1780	6.25
8	喀什地区	1690	0	0	1690	5.93
9	和田地区	682	0	0	682	2.39
10	克州	300	0	0	300	1.05
	合计	24079	1981	2419	28479	100

资料来源：根据新疆各地州上报数据计算。

四、规模养殖企业生鲜乳产量及价格情况

2021年奶牛规模养殖企业生产乳总产量约为20.98万吨；日产奶量约为735.68吨，平均单产为7.88吨/头。全区规模养殖企业的奶牛年单位产奶量与奶牛品种结构相关性较大。从奶牛年平均产奶量来看，排名前五的为和田地区（10.06吨/头）、克拉玛依市（9.12吨/头）、塔城地区（9.02吨/头）、昌吉州（8.79吨/头）、阿克苏地区（8.26吨/头），其中和田地区和克拉玛依市的奶牛规模化养殖企业养殖的均为荷斯坦奶牛；伊犁州直的奶牛年平均单产最低，仅为2.75吨/头，其泌乳牛中荷斯坦奶牛仅占8.60%，而新疆褐牛和西门塔尔牛占91.40%。从生鲜乳销售价格来看，生鲜乳价格随着季节与消费市场的不同，形成不同的市场价格，具体为3.5~6元不等，乌鲁木齐市、克拉玛依市以及南疆地区生鲜乳价格较高，而伊犁州直相对较低（见表5-3）。

表5-3　　　　　　　　全区规模养殖企业生鲜乳产量及价格

序号	地（州、市）	2021年生鲜乳总产量（吨）	日产奶量（公斤）	奶牛年平均产奶量（吨/头）	生鲜乳销售价（元/公斤）
1	乌鲁木齐市	4300	8000	6.42	4.95
2	克拉玛依市	14500	45000	9.12	4.5
3	昌吉州	139672.19	481271.1	8.79	4.5~5
4	伊犁州直	12222	31487	2.75	3.5~4.8

续表

序号	地（州、市）	2021 年生鲜乳总产量（吨）	日产奶量（公斤）	奶牛年平均产奶量（吨/头）	生鲜乳销售价（元/公斤）
5	塔城地区	14845	40350	9.02	4.15~6
6	巴州	1802.64	11643	6.13	4.4~4.87
7	阿克苏地区	7201.4	48225	8.26	4.5~4.89
8	喀什地区	9305	39200	7.07	5.3~6
9	和田地区	5360	22500	10.06	4~6
10	克州	600	8000	8.13	4.6
合计		209808.23	735676	7.88	—

资料来源：新疆各地州上报数据。

第三节 奶农合作社和家庭牧场发展状况

奶农合作社和家庭牧场是奶业发展的重要新型农业经营主体，是加快确立奶农规模化养殖在奶业发展中的基础性地位，是保障乳品有效供给和促进农民持续增收的重要力量。

一、奶农合作社和家庭农（牧）场空间分布情况

奶牛规模养殖企业空间布局较为集中。2021 年，全区奶农合作社和家庭牧场主要分布在 12 个地（州、市），共 297 家，其中奶农合作社 183 家，家庭牧场 114 家；主要集中在伊犁州直、阿克苏地区、阿勒泰地区以及昌吉州四个地州，奶农合作社和家庭牧场占比达 78.11%；具体而言，伊犁州直 138 家［奶农合作社 44 家、家庭农（牧）场 94 家］、阿克苏地区 43 家［奶农合作社 39 家、家庭农（牧）场 4 家］，阿勒泰地区 27 家［奶农合作社 14 家、家庭农（牧）场 13 家］，昌吉州 24 家［奶农合作社 23 家、家庭农（牧）场 1 家］。其中，有 6 个县市拥有奶牛合作社和家庭（农）牧场 10 家及以上，分别是尼勒克县（82 家）、巩留县（20 家）、阿勒泰市（17 家）、特克斯县（13 家）、乌什县（11 家）、沙雅县（10 家）（见表 5－4）。

表 5 – 4 全区奶农合作社和家庭农（牧）场布局情况

序号	地（州、市）	奶农合作社（家）	家庭农（牧）场（家）	合计（家）	各地州所占比重（%）
1	乌鲁木齐市	8	1	9	3.03
2	克拉玛依市	4	0	4	1.35
3	哈密市	5	0	5	1.68
4	昌吉州	23	1	24	8.08
5	伊犁州直	44	94	138	46.46
6	塔城地区	20	1	21	7.07
7	阿勒泰地区	14	13	27	9.09
8	博州	7	0	7	2.36
9	巴州	17	0	17	5.72
10	阿克苏地区	39	4	43	14.48
11	喀什地区	1	0	1	0.34
12	和田地区	1	0	1	0.34
	合计	183	114	297	100

资料来源：根据新疆各地州上报数据计算。

二、奶农合作社和家庭农（牧）场奶种类情况

全区奶农合作社和家庭农（牧）场以生产牛奶为主。奶农合作社和家庭牧场奶的种类包括牛奶、驼奶、马奶和驴奶四种，其中 2021 年生产牛奶的为 268 家（奶农合作社 160 家、家庭农牧场 108 家），占 90.24%；生产驼奶的为 18 家（均为奶农合作社），占 6.06%；生产马奶的为 6 家（奶农合作社 1 家、家庭农牧场 5 家），占 2.02%；生产驴奶的为 5 家（奶农合作社 4 家、家庭农牧场 1 家），占 1.68%。生产驼奶的奶农合作社主要分布在昌吉州（5 家）、伊犁州直（1 家）、巴州（2 家）、克拉玛依市（2 家）、阿克苏地区（4 家）、乌鲁木齐（2 家）、哈密市（1 家）和博州（1 家）。生产马奶的奶农合作社和家庭农（牧）场主要分布在福海县（家庭牧场 5 家）、拜城县（奶农合作社 1 家）。生产驴奶的奶农合作社和家庭农（牧）场主要分布在木垒县（家庭农场 1 家）、和静县（奶农合作社 1 家）、库车市（奶农合作社 1 家）、米东区（奶农合作社 1 家）和博乐市（奶农合作社 1 家）；其他均为生产牛奶的奶农合作社和家庭农（牧）场。

三、奶农合作社和家庭农（牧）场奶畜存栏情况

全区奶农合作社和家庭农（牧）场泌乳畜存栏比重较低。2021 年，奶农合作社和家庭农（牧）场奶畜存栏数为 53083 头，从奶畜存栏规模来看，排名前五的地（州、市）依次是伊犁州直（17180 头）、昌吉州（8713 头）、阿克苏地区（7629 头）、塔城地区（5920 头）和巴州（4612 头）。全区奶农合作社和家庭农（牧）场泌乳畜存栏数为 25398 头，占奶畜存栏数的 47.85%；从泌乳畜存栏规模来看，排名前五的地（州、市）依次是伊犁州直（10387 头）、昌吉州（3643 头）、阿克苏地区（3130 头）、塔城地区（2635 头）和巴州（1787 头）；从泌乳畜占奶畜存栏比重来看，排名前五的地（州、市）依次是喀什地区（100%）、哈密市（64.63%）、伊犁州直（60.46%）、乌鲁木齐市（45.13%）、塔城地区（44.51%）（见表 5 – 5）。

表 5 – 5　　　　全区奶农合作社和家庭农（牧）场奶畜存栏情况

序号	地（州、市）	奶畜存栏		泌乳畜存栏		泌乳畜占奶畜存栏的比重（%）
		数量（头）	比重（%）	数量（头）	比重（%）	
1	乌鲁木齐市	2679	5.05	1209	4.76	45.13
2	克拉玛依市	750	1.41	260	1.02	34.67
3	哈密市	786	1.48	508	2.00	64.63
4	昌吉州	8713	16.41	3643	14.34	41.81
5	伊犁州直	17180	32.36	10387	40.90	60.46
6	塔城地区	5920	11.15	2635	10.37	44.51
7	阿勒泰地区	3689	6.95	1348	5.31	36.54
8	博州	698	1.31	235	0.93	33.67
9	巴州	4612	8.69	1787	7.04	38.75
10	阿克苏地区	7629	14.37	3130	12.32	41.03
11	喀什地区	200	0.38	200	0.79	100
12	和田地区	227	0.43	56	0.22	24.67
	合计	53083	100	25398	100	47.85

资料来源：根据新疆各地州上报数据计算。

四、奶农合作社和家庭农（牧）场奶畜规模分类情况

从奶畜存栏规模分类来看，2021 年奶畜存栏 1000 头及以上的仅有 2 家奶农合作社，分别是和奇台县畜盛养殖专业合作社；库车市裕万家畜牧养殖农民专业合作社存栏奶畜 2000 头，主要养殖疆岳驴，生产驴奶；奇台县畜盛养殖专业合作社存栏牛 1200 头，主要为西门塔尔牛。从泌乳畜存栏规模分类来看，没有泌乳畜存栏 1000 头及以上的合作社或家庭农（牧）场，存栏 500 头及以上的有 4 家奶农合作社，分别是库车裕万家畜牧养殖农民专业合作社泌乳畜存栏 500 头，主要生产驴奶；玛纳斯县旱卡子滩乡牧家人驼奶合作社泌乳畜存栏 672 头，主要生产驼奶；昌吉市新峰奶牛养殖专业合作社泌乳畜存栏 546 头，主要生产牛奶；乌鲁木齐福驼农牧专业合作社泌乳畜存栏 500 头，主要生产驼奶（见表 5 - 6）。

表 5 - 6　　全区奶农合作社和家庭农（牧）场奶畜规模分类情况　　单位：家

分类		奶农合作社	家庭农（牧）场	合计
50 头及以上	存栏畜	172	103	275
	泌乳畜	121	75	196
100 头及以上	存栏畜	127	36	163
	泌乳畜	68	11	79
150 头及以上	存栏畜	100	8	108
	泌乳畜	33	1	34
200 头及以上	存栏畜	75	4	79
	泌乳畜	25	0	25
250 头及以上	存栏畜	45	1	46
	泌乳畜	16	0	16
300 头及以上	存栏畜	50	1	51
	泌乳畜	14	0	14
500 头及以上	存栏畜	22	0	22
	泌乳畜	4	0	4
1000 头及以上	存栏畜	2	0	2
	泌乳畜	0	0	0

资料来源：根据新疆各地州上报数据计算。

五、奶农合作社和家庭农（牧）场产奶水平情况

全区奶农合作社和家庭农（牧）场日产奶量约为 214.5 吨，排名前五的地（州、市）依次是伊犁州直（约 72.71 吨）、昌吉州（约 47.57 吨）、塔城地区（约 30.38 吨）、巴州（约 22.37 吨）和乌鲁木齐市（约 13.1 吨）。奶农合作社和家庭农（牧）场日平均单产为 8.45 公斤/头，排名前五的依次为克拉玛依市（17.23 公斤/头）、喀什地区（15 公斤/头）、昌吉州（13.06 公斤/头）、巴州（12.52 公斤/头）和博州（12.02 公斤/头）（见表 5 - 7）。

表 5 - 7 　　　　　全区奶农合作社和家庭农（牧）场产奶水平

序号	地（州、市）	产奶量（公斤/天）	平均单产水平（公斤/头·天）
1	乌鲁木齐市	13095	10.83
2	克拉玛依市	4480	17.23
3	哈密市	2200	4.33
4	昌吉州	47573	13.06
5	伊犁州直	72712	7.00
6	塔城地区	30375	11.53
7	阿勒泰地区	6612	4.91
8	博州	2825	12.02
9	巴州	22365	12.52
10	阿克苏地区	12125.17	3.87
11	喀什地区	3000	15.00
12	和田地区	140.00	2.50
	合计	214502.17	8.45

资料来源：根据新疆各地州上报数据计算。

六、奶农合作社和家庭农（牧）场乳品加工情况

2021 年，全区奶农合作社和家庭农（牧）场具备乳品加工能力的有 40

家，不具备加工能力的有 257 家，但是实际进行乳品加工的有 83 家；乳品加工主要通过手工、半手工和机械化三种，其中手工的奶农合作社和家庭农（牧）场有 18 家，半手工为 57 家，机械化为 8 家；主要加工产品为酸奶、奶疙瘩、奶酪等初加工产品，仅有 23 家开展全年乳品生产，占 7.7%。2021 年全区奶农合作社和家庭农（牧）场乳品加工量为 2719.85 吨，乳品加工量排名前五的地（州、市）依次为昌吉州（1129.5 吨）、巴州（539.6 吨）、伊犁州直（480 吨）、阿克苏地区（282.15 吨）和阿勒泰地区（248.8 吨）。全区奶农合作社和家庭农（牧）场乳品日加工量为 18.46 吨，乳品日加工量排名前五的地（州、市）依次为阿克苏地区（7.15 吨）、喀什地区（3 吨）、巴州（2.4 吨）、昌吉州（1.82 吨）和伊犁州直（1.5 吨）。鲜奶日收购量为 359.16 吨，收购量最大的是伊犁州直（315 吨），其次是乌鲁木齐市（13.77 吨）（见表 5 - 8）。

表 5 - 8　　　　全区奶农合作社和家庭农（牧）场乳品加工情况

序号	地（州、市）	2021 年乳品加工量（吨）	加工量（吨/天）	鲜奶日收购量（吨/天）
1	乌鲁木齐市	0	0	13.77
2	克拉玛依市	0	0	0.00
3	哈密市	2.30	0.70	0.25
4	昌吉州	1129.50	1.82	10.51
5	伊犁州直	480.00	1.50	315.00
6	塔城地区	25.00	0.50	0.00
7	阿勒泰地区	248.80	1.30	8.00
8	博州	4.50	0.02	0.00
9	巴州	539.60	2.40	1.90
10	阿克苏地区	282.15	7.15	5.14
11	喀什地区	0	3.00	4.50
12	和田地区	8.00	0.08	0.08
	合计	2719.85	18.46	359.16

资料来源：根据新疆各地州上报数据计算。

第四节　乳制品加工企业发展状况

畜牧业是现代化农业的重要标志，乳制品加工业是带动畜牧业高质量发展的重要内容，对于促进农牧民增收、提升人民生活品质、促进乡村振兴发展和加快共同富裕建设都具有十分重要的意义。

一、乳制品加工业生产基本情况

全区乳制品加工业产出更为丰富，UHT 奶和酸奶量大突出，乳饮料独特集中。2021 年，55 家乳制品加工企业生产 UHT 奶 24.62 万吨、酸奶 11.07 万吨、奶粉 1.09 万吨、奶酪 0.18 万吨、婴儿粉 0 万吨、乳饮料（奶啤、马奶子）4.11 万吨、黄油 0.04 万吨。

根据新疆畜牧兽医局和新疆畜牧科学院的资料，从各类乳制品加工情况看（排名前五），巴氏奶加工能力最强的是新疆西域春乳业有限责任公司（呼图壁县）、新疆西牧鼎峰农牧业科技发展有限公司（皮山县）、克拉玛依绿成农业开发有限责任公司乳品厂（克拉玛依区）、沙湾盖瑞乳业有限责任公司（沙湾市）、阿图什市慧乐美商贸有限责任公司（阿图什市）。

UHT 奶加工能力最强的是新疆西域春乳业有限责任公司（呼图壁县）、新疆蒙牛天雪食品有限公司（头屯河区）、乌鲁木齐伊利食品有限责任公司（经开区）、新疆凯瑞可食品科技有限公司（库尔勒市）、克拉玛依绿成农业开发有限责任公司乳品厂（克拉玛依区）。酸奶加工能力最强的是新疆西域春乳业有限责任公司（呼图壁县）、新疆蒙牛天雪食品有限公司（头屯河区）、乌鲁木齐伊利食品有限责任公司（经开区）、新疆凯瑞可食品科技有限公司（库尔勒市）、沙湾盖瑞乳业有限责任公司（沙湾市）。

奶粉加工能力最强的阿勒泰哈纳斯乳业有限公司（阿勒泰市）、伊犁明珠乳业有限公司（尼勒克县）、伊犁那拉乳业集团有限公司（巩留县）、伊犁雪莲乳业有限公司（伊宁县）、新疆旺源驼奶实业有限公司（福海县）。小众奶粉生产集中在 5 家企业，驼奶粉：新疆中驼生物科技有限公司（伊吾县）、新疆天宏润生物科技有限公司（昌吉市）、哈密市荒漠之舟畜牧科技有限公司（伊州区）；驴奶粉：新疆玉昆仑天然食品工程有限公司（岳普湖县）、新疆伊吾玉龙奶业有限公司（伊吾县）。乳饮料（奶啤）加工能力最强的是新疆西域春乳业有限责任公司（呼图壁县）、新疆蒙牛天雪食品有限公司（头屯河区）、乌鲁木齐伊利食品有限责任公司（经开区）、康利来乳业公司（昌吉市）、小金牛食品公司（昌吉市）。另有1家生产马奶子企业伊犁艾乐思食品加工有限责任公司（新源县）。

二、乳制品加工企业空间分布情况

从乳制品企业在各地州市区的空间布局来看，主要集中在北疆区域的伊犁州直、昌吉州、阿勒泰地区，三地州乳制品企业数量占比超过60%。55家企业中，伊犁州直有21家，在数量上占绝对优势；昌吉州8家、阿勒泰地区5家，位列第二梯队；其余地州市涉及的乳制品企业均在5家以内。从县市层面看，有2个县市拥有乳制品企业在5家及以上，分别是昌吉市（6家）、伊宁市（5家）；紧跟其后的是新源县（4家）、巩留县（3家）、尼勒克县（3家）；其余县市少于3家（见表5-9）。

表5-9　　　　　　　　全区乳制品加工企业空间分布情况

序号	地（州、市）	数量（家）	县域分布	所占比重（%）
1	伊犁州直	21	伊宁市（5）、新源县（4）、巩留县（3）、尼勒克县（3）、霍城县（2）、察布查尔县（1）、特克斯县（1）、伊宁县（1）、昭苏县（1）	38.18
2	昌吉州	8	昌吉市（6）、呼图壁县（2）	14.55
3	阿勒泰地区	5	福海县（2）、阿勒泰市（1）、北屯市（1）、青河县（1）	9.09
4	阿克苏地区	3	拜城县、柯坪县、库车县	5.45
5	哈密市	3	伊吾县（2）、伊州区（1）	5.45
6	喀什地区	3	喀什市、疏勒县、岳普湖县	5.45
7	巴州	2	库尔勒市、焉耆县	3.64
8	克州	2	阿图什市	3.64

序号	地（州、市）	数量（家）	县域分布	所占比重（%）
9	塔城地区	2	沙湾市、托里县	3.64
10	乌鲁木齐市	2	经开区、头屯河区	3.64
11	博州	1	温泉县	1.82
12	和田地区	1	皮山县	1.82
13	克拉玛依市	1	克拉玛依区	1.82
14	吐鲁番市	1	托克逊县	1.82

资料来源：根据新疆各地州上报数据计算。

三、乳制品加工企业销售及贸易情况

全区进口乳制品基本以原料奶为主，乳制品调入量极少。2021 年，55 家乳制品企业从疆外购入原料奶 8.14 万吨。55 家乳制品企业市场销售中，疆内销售量 32.25 万吨，疆外销售量 11.86 万吨，疆内市场销售量约为疆外市场销售量的 2.7 倍，疆内市场创收更为凸显。2021 年，全区乳品销售总额 51.80 亿元，其中疆内销售额约 34.25 亿元，占比 66%；疆外销售额 17.55 亿元，占比 34%，疆内外乳制品单位创收比约为 0.72：1。根据新疆畜牧兽医局和新疆畜牧科学院的资料，55 家乳制品企业销售总额超过 1 亿元的有 10 家，分别是新疆西域春乳业有限责任公司、麦趣尔乳业公司、伊犁那拉乳业集团有限公司、沙湾盖瑞乳业有限责任公司、新疆旺源驼奶实业有限公司、新疆凯瑞可食品科技有限公司、克拉玛依绿成农业开发有限责任公司乳品厂、乌鲁木齐伊利食品有限责任公司、新疆蒙牛天雪食品有限公司、南达新农业股份有限公司。

四、乳制品加工企业的产能利用情况

根据新疆畜牧兽医局和新疆畜牧科学院的资料，2021 年，55 家乳制品加工企业中，12 家企业设计年生产能力在 3 万吨及以上，分别是新疆西域春乳业有限责任公司（呼图壁县）、维维乳业公司（呼图壁县）、麦趣尔乳业公司

（昌吉市）、小金牛食品公司（昌吉市）、新源县闻羡乳品厂（新源县）、沙湾盖瑞乳业有限责任公司（沙湾市）、新疆凯瑞可食品科技有限公司（库尔勒市）、新疆焉耆三宇实业有限责任公司（焉耆县）、克拉玛依绿成农业开发有限责任公司乳品厂（克拉玛依区）、乌鲁木齐伊利食品有限责任公司（乌鲁木齐经开区）、新疆蒙牛天雪食品有限公司（乌鲁木齐头屯河区）、南达新农业股份有限公司（喀什市）。实际年加工产量在 3 万吨及以上的企业为 5 家，分别是新疆西域春乳业有限责任公司（呼图壁县）、沙湾盖瑞乳业有限责任公司（沙湾市）、新疆凯瑞可食品科技有限公司（库尔勒市）、乌鲁木齐伊利食品有限责任公司（乌鲁木齐经开区）、新疆蒙牛天雪食品有限公司（乌鲁木齐头屯河区）。

2021 年，55 家乳制品加工企业中，22 家企业产能利用率在 50% 以上，占比 40%。其中 4 家企业产能利用率达到 100%（伊宁市伊犁阿特乐食品有限公司、沙湾市盖瑞乳业有限责任公司、福海县新疆福仁源乳业有限公司、哈密市荒漠之舟畜牧科技有限公司），13 家企业产能利用率为 60%~90%（昌吉市 2 家、尼勒克县 2 家、伊宁市 2 家、察布查尔县 1 家、托克逊县 1 家、温泉县 1 家、伊宁县 1 家、伊吾县 1 家、乌鲁木齐经开区和头屯河区各 1 家）。半数乳制品加工企业产能利用率较低，29 家企业产能利用率在 40% 及以内水平，占比 53%。

第五节　畜产品生产供给能力提升
存在的短板和弱项

全区畜牧业在取得诸多新成绩的同时，还存在一些短板和弱项，制约着全区畜产品生产供给能力的提升。

一、畜禽核心种源自给率和良种率不高

全区牛、羊的良种率与先进省区相差 10 余个百分点，荷斯坦牛平均单产与全国相差 1.5 吨；在畜禽种源保障上，牛羊核心种源主要依靠国内外引进，多胎母羊年引进量多达 150 万只，禽苗年引进量超过 5000 万羽。

二、畜禽规模化养殖水平区域性不均衡

全区畜牧业区域性结构性生产方式差异较大，规模化经营比重低，牛羊规模养殖比例不足40%。北疆草原畜牧业比重较高，牲畜冷季舍饲率不足50%，牲畜季节性死亡率高；南疆农区畜禽散养比重大，规模化养殖水平低。

三、畜牧业基层服务队伍建设滞后

全区畜牧业产学研结合不紧密、基层技术力量不足、社会化服务发展滞后，常规畜牧业增产增效技术进场入户比例较低。受基层服务队伍建设滞后、专业技术服务力量不足影响，优质高产高效品种推广缓慢，畜禽病死率较高，削弱了畜牧业产出效益水平。

四、优质饲草料供给能力较弱

优质饲草占比低，全区人工饲草料种植面积（含复播饲草作物）仅占农作物播种面积的14%左右，远低于内蒙古（30%）、宁夏（40%）和甘肃（37.5%）。全区牛羊养殖以"精料＋秸秆"饲喂方式为主，优质饲草占饲草资源总量的比例不到30%。秸秆加工饲用率低，北疆作物秸秆饲用率为50%左右，南疆为80%左右，棉花秸秆等饲料化加工利用率还不足10%。

第六节　发展思路及重点

坚持农牧结合、草畜配套，以畜牧业供给侧结构性改革为主线，高位推动、系统谋划、整体推进，走产业发展与资源环境相协调、标准化规模化生产、产业化品牌化运营的可持续发展道路，鼓励多主体多方式扩规模、延链条、提品质、创品牌，推进良种繁育孵化、规模饲养、产品回收加工、市场销售为一体的全产业链价值链融合发展，推动畜产品商品化稳定均质供应，为提升全区畜产品生产供给能力，建设畜牧大区、强区提供坚实保障。

一、实施奶业振兴行动

依托自治区奶产业技术体系，借助自治区奶业重大科技专项、自治区奶牛扩繁、国家奶牛苜蓿草行动计划、奶业大县建设、奶农养殖合作社补助、优质性控冻精推广等项目引导，提质增效强基础，稳步推进增产能。支持使用优质冻精，推广性控冻精繁育技术，加快奶牛群体改良，构建高产奶牛核心群，提高奶牛单产水平。鼓励和支持乳制品加工企业自建或同大型养殖企业、合作社、社会资本等联合建设规模化养殖场，稳步扩大泌乳牛数量，提升奶源基地供给能力。加快智慧畜牧业建设，提升数字化育种、种源管理、精准饲喂、环境监测、疾病预警等信息化建设水平。

二、实施肉牛肉羊增产行动

优化肉牛肉羊产业区域布局，支持肉牛养殖场使用优质冻精改良肉牛或低产牛，支持农区肉羊养殖场引进多胎（多羔）肉羊品种与当地肉羊杂交提升个体质量。大力发展标准化规模化养殖，依托涉牧企业建设优质牛羊肉生产基地，稳步提高产能。扶持引导龙头企业和社会资本建设标准化养殖基地，推广"龙头企业＋基地＋农户"一体化生产经营模式。

三、实施家禽及特色产业发展行动

推动天山北坡专用肉禽、蛋禽产业向育种、养殖、加工、销售一体化方向发展；推进南疆家禽养殖向标准化规模化转型，巩固和发挥产业保供脱贫促增收作用；挖掘家禽资源优势，打造和田黑鸡、拜城油鸡、新疆飞鹅、塔里木肉鸽等特色禽业品牌。巩固提升南疆鸽、兔、驴、驼等特色产业，培育南疆畜牧业新增长点。结合旅游兴疆战略，丰富家禽及特色产业业态，拓展提升家禽及特色产业助游能力。

四、实施高产优质饲草料供应保障行动

推广优质饲草料品种和高产栽培技术，引导支持扩大优质饲草种植面积。

加大天然草原改良与天然打草场建设力度，提高天然草原饲草产量和品质。建设优质饲草良种繁育基地，大力发展全株青贮玉米、苜蓿等优质牧草种植。加强饲喂技术装备研发和饲料营养价值评价，推广草料结合、秸秆为基的全混合日粮和商品饲料产品。大力推广秸秆氨化、发酵等先进饲料化加工技术，提高秸秆资源利用率。支持开发电转草、集装箱种草等新技术，研发推广草食家畜饲料产品，提高配方饲料入户率。采集、汇总、共享产品供需、价格等数据，建立全区饲草生产企业数据库，打造线上线下交易平台。规划并健全区、地、县三级饲草料应急储备库，提高应对各类突发灾害的保障能力。

五、实施产业化品牌化建设提升行动

坚持市场导向，提升创新能力，立足疆内市场保供给、强种业、优基地，推动全产业链建设，鼓励加工企业发展分割、包装、熟食制品以及毛、绒、皮、骨、脏、油等全链深加工，集中打造区域品牌，真正将资源品种优势打造成产业优势、经济优势。加强畜牧业品牌建设，坚持以品牌农业为引领，着力培育畜禽产品区域公用品牌，建设绿色肉奶安全保障基地，提高品牌知名度并叫响全国。支持龙头企业加强品牌设计，强化技术创新，打造具有国内国际影响力的精品畜产品品牌。发挥畜禽产业联盟、产业体系、行业协会作用，开展行业规范、技术服务、市场推广和品牌培训服务。

第六章
葡萄酒产业

　　新疆是我国最早栽培葡萄的地区，也是葡萄酒的发源地之一，已成为我国酿酒葡萄种植和葡萄酒酿造大省，对我国葡萄酒产业的发展发挥了巨大作用，具有不可替代的地位。但新疆葡萄酒产业在发展中也存在着统筹谋划不足、基地建设滞后、营销短板制约、人才队伍建设不充分等问题，还需要政府支持引导、行业强化管理，充分发挥优势禀赋，将葡萄酒产业发展为经济、社会、生态效益兼顾的特色优势产业。

第一节 葡萄酒产业发展现状

经过 40 多年的发展，目前全区已形成天山北麓、伊犁河谷、焉耆盆地、吐哈盆地四大产区和较为完整的产业体系，具备优势产业的发展基础和形成条件。

一、种植面积与产量

2018 年，全区酿酒葡萄种植面积达 49.45 万亩（其中兵团 15.4 万亩），酿酒葡萄总产量 29.96 万吨（其中兵团 20.11 万吨）。近年来，受市场变化和产业结构性调整政策的影响，新疆酿酒葡萄种植面积有所下降，但仍是全国面积最大的主产区。

从酿酒葡萄种植面积[①]上看，焉耆盆地主产区种植面积 20.26 万亩，占全疆的 40.97%；天山北麓主产区种植面积 16.71 万亩，占全疆的 33.79%；吐哈盆地主产区种植面积 7.32 万亩，占全疆的 14.80%；伊犁河谷主产区种植面积 2.93 万亩，占全疆的 5.93%；其他区域种植面积 2.23 万亩，占全疆的 4.51%。从酿酒葡萄产量[②]上看，天山北麓主产区产量 18.91 万吨，占全疆的 63.12%；伊犁河谷主产区产量 4.02 万吨，占全疆的 13.42%；焉耆盆地主产区产量 2.79 万吨，占全疆的 9.31%；其他区域产量 2.47 万吨，占全疆的 8.24%；吐哈盆地主产区产量 1.77 万吨，占全疆的 5.91%。

二、主要种植品种

四大主产区酿酒葡萄主栽品种分布情况为：天山北麓主产区主要种植的是赤霞珠、美乐、品丽珠、马瑟兰、马尔贝克、小味尔多、霞多丽、小芒森、西拉等；伊犁河谷主产区主要种植的是赤霞珠、美乐、雷司令、霞多丽等；吐哈盆地主产区主要种植的是赤霞珠、柔丁香、晚霞蜜、霞多丽、美乐等；

---

①② 含新疆生产建设兵团。

焉耆盆地主产区主要种植的是赤霞珠、品丽珠、蛇龙珠、美乐、霞多丽、雷司令、西拉、黑比诺、马瑟兰等。

三、酒企生产规模

截至 2018 年底，全区葡萄酒生产企业 134 家，获得食品生产许可的葡萄酒生产企业达 100 家。全区葡萄原酒生产能力 50 万吨左右，实际年产葡萄原酒约 20 万吨，占全国原酒生产总量的 50% 左右。全区规模以上葡萄酒生产企业 24 家，产量 6.58 万千升，实现产值 22.52 亿元、利税 4.64 亿元。葡萄酒产值已超过白酒产值，成为全区酒类第一大行业。

四、品牌价值培育

目前，全区已培育形成西域沙地、尼雅、楼兰、乡都、芳香庄园、天塞、中菲、伊珠、唐庭霞露、新雅、驼铃、西域典藏、西域烈焰、大唐西域、唐廷霞露、香海、汇德源白兰地、印象戈壁、漠甘纳、纳兰河谷等数十个具有一定市场认知度和影响力的葡萄酒品牌。其中有多个产品分别获得"绿色食品""有机产品""新疆著名商标""中国驰名商标""消费者最喜爱的葡萄酒产品"等多项荣誉称号。近年来，全区葡萄酒产品多次在国际大赛中摘金夺银。据不完全统计，2017～2019 年，全区在国内外知名葡萄酒大赛中获得金银奖 200 余项，其中在布鲁塞尔国际葡萄酒大奖赛中获奖 58 项，特别是在 2018（北京·海淀）比利时布鲁塞尔国际葡萄酒大奖赛中，全区荣获大金奖 2 枚（全国 5 枚）。

五、葡萄酒庄建设

目前，全区已建成上百家各具特色的葡萄酒庄，集聚效应初步显现。其中，和硕产区成为全区首批国家地理标志保护的酿酒葡萄产区，"和硕葡萄酒"获得国家地理标志保护产品认证；天山北麓玛纳斯小产区生态葡园获得中国酒业协会全国首家酿酒葡萄小产区认证。截至 2019 年底，全区在

全国使用"葡萄酒酒庄酒"证明商标的 35 家酒庄中已占 10 席（和硕产区
4 席、焉耆盆地产区 3 席、吐哈盆地产区 2 席、天山北麓产区 1 席）。随着
居民消费水平的快速提高和消费结构的不断升级，进一步促进了集种植、
酿造、旅游、观光、文创、展会、贸易、赛事等为一体的葡萄酒庄快速兴
起，全区已有 11 家葡萄酒庄荣膺全国休闲农业和乡村旅游星级示范企业、
自治区休闲观光农业示范点称号。

六、各类市场开拓

目前，全区葡萄酒销售方式由小超市、大卖场向直销店、品鉴中心等市
场营销方式转变，通过举办各类展会、论坛、品鉴推广及面向内地主要市场
的开拓活动，促进部分产品销往全国各地，甚至远销欧美国家。目前，全区
成品酒已占到全国的 8%，加上原酒已占到全国的 20% 以上，新疆葡萄酒市
场开拓步伐进一步加快。

第二节 葡萄酒产业链发展短板

一、统筹谋划产业发展仍然不足

全区在葡萄基地建设、品种区域布局、企业布局、品牌建设、酒庄建设
等方面尚未形成整合现有资源、统一规划、协调发展机制，存在主要产区低
水平重复建设、特色不明显、酒庄缺乏整体规划和盲目建设、与旅游等相关
产业融合度不高等突出问题。同时，产业发展扶持政策缺乏系统性，扶持的
广度和力度与国内新兴葡萄酒产区存在一定差距，无法形成竞争优势。

二、优质酿酒葡萄基地建设滞后

各主产区没有利用好自然条件差异明显的优势，缺乏优质品种和本地特
色品种，产区优势未能充分发挥。酿酒葡萄主栽品种单一，红葡萄以赤霞珠
为主，白葡萄以霞多丽为主，原料同质化现象较为突出。酿酒葡萄标准化种

植的规模较小，种植及配套技术研究推广缓慢，良种化率亟待提高。同时，由于葡萄酒企业与种植户利益联结机制不完善，酿酒葡萄的供需关系时常受到影响。由于新疆众多中小葡萄酒企业通过市场单次交易方式，以及浮动的市场价格，往往使供过于求，或者供不应求，酿酒葡萄的种植品种、规模和产量极易呈现不稳定性，优质酿酒葡萄基地的建设和培育迟缓。

三、生产营销成本仍是突出短板

新疆远离东部葡萄酒主要消费市场，运输及营销成本高，与东部企业竞争劣势明显。适宜酿酒葡萄生长的土地以戈壁荒滩为主，土地整备费用较大，葡萄冬季易受冻害，入秋埋土增加种植成本，加之种植机械化程度不高、市场较远、物流运距较长，全区酿酒葡萄种植成本、市场营销成本与智利、葡萄牙等新兴葡萄酒生产国相比均偏高。同时，酿酒葡萄目前除了酿酒以外几乎没有别的用途，葡萄原料价格受葡萄酒市场行情、葡萄种植面积等因素影响波动较大，可替代转型生产方向受限，风险成本极容易增加。

四、品牌营销和市场推广不充分

产区整体推介缺乏和市场开拓滞后，宣传主要以各企业、酒庄和各产区自己宣传为主，没有以整个新疆产区进行宣传，新疆葡萄酒的认知度和影响力较弱，缺乏知名品牌，打造高附加值的精品和个性化的定制产品少。葡萄酒产业发展、特色酒庄建设与新疆葡萄酒历史文化底蕴挖掘、文化展示、旅游推广等融合不够。同时，以法国葡萄酒为首的旧世界葡萄酒市场地位稳固，新世界国家葡萄酒关税下调或免除，进口葡萄酒大量进入和冲击国内葡萄酒市场，增加了全区企业生产经营和开拓内地市场的难度，全区葡萄酒企业应对国际市场激烈竞争能力不强的短板更加突出。

五、专业人才队伍建设亟待加强

由于葡萄酒产业的特殊性，专业人才的培育和队伍建设是一件"久久为功"之事。现阶段，全区技术支撑体系薄弱，缺乏选育、种植和栽培酿酒葡萄的科技人才与葡萄酒工艺研发、营销策划和企业管理等方面的专业人才。现有技术人员专业培训跟不上,能用的人才技术跟不上,能跟上的人才留不住,本土人才队伍尚未形成,常常是基本种植农户都缺乏技术指导,葡萄园管理尚不能完全到位。在专业营销方面,各地经营葡萄酒的公司普遍找不到葡萄酒的销售人才和懂酒、会选酒的人才,市场推广受阻,常常需要依赖东部大型葡萄酒企的营销渠道和专业队伍,价值和利润极易被切割。

第三节 葡萄酒产业发展的对策建议

今后一个时期内,新疆葡萄酒产业具备加快发展的显著优势,是推动多业态融合、多元化增收的重要突破口。因此,需要把握重点方向,补短板强弱项,推进葡萄酒产业的高质量发展。

一、健全相关组织机构

一是自治区和兵团应成立葡萄酒产业发展领导组织和机构,条件成熟时可仿照宁夏银川、山东烟台和河北昌黎成立省级葡萄酒行政管理机构,具体负责产业的政策制定、对外交流、部门协调、招商等工作,葡萄酒产业的重点州、师、市成立相应机构,作为政府的主管部门,在葡萄与葡萄酒产业科学和良性发展方面发挥重要作用。

二是组建全区行业协会,负责葡萄酒行业标准制定、技术交流、技术培训、产品认证等工作。

二、提升专业化水平

一是实施种植基地标准化、良种化工程。增强优质原料保障能力,提高酿酒葡萄良种繁育基地建设水平,科学布局酿酒葡萄种植品种,加大引种试验、栽培试验、嫁接抗逆试验等相关研究工作力度,推进产区酒种差异化发展。

二是推进品种特色化发展。依托现有基础,强化与专业科研院所的合作,推进自主创新,重点培育具有新疆特色和独特个性的酿酒葡萄品种,引进筛选适合不同区域土壤和气候条件的砧木,在适宜产区逐步推广嫁接苗技术,进一步优化酿酒葡萄品种结构。

三是提高机械化使用和人的科学化管理水平。依托现有农业技术推广体系和"科技之冬""科技三下乡"、农民夜校等培训方式，提高人员标准化种植技术，提升农机械使用水平，强化人员科学管理水平和技术支撑，在提升酿酒葡萄品质的同时降低酿酒葡萄种植成本和劳动强度。

四是鼓励支持葡萄酒生产企业采用先进适用的现代技术工艺和符合国家规范的节能设备，提高绿色发展水平；推动葡萄酒加工副产物综合利用配套产业体系建设，增强可持续发展能力。

三、深化企农利益联结

一是以酿酒葡萄四大产区为重点，支持现有基地进行资源整合，支持具有地理标志认证或原料性价比高的区域优先建设种植基地，巩固现有面积，稳步扩大面积，确保基地建设与企业、产业发展相匹配，促进现有基地健康发展。

二是发挥龙头企业示范引领和促农增收带动作用，通过完善"公司＋合作社＋农户"等利益联结模式，实现企业与农户互助共赢。

四、推进品牌化建设

一是建设实时通达、动态高效的葡萄酒质量管理系统。利用互联网、物联网等现代技术，将产品质量检测终端布设到种植、酿造、灌装、储存等关键质量环节；借助条码技术、二维码技术、微信平台、政务系统等，建立葡萄酒质量的市场动态反馈和责任追溯机制，为形成"原料好、酒质优"的产区品牌创造条件。

二是建立新疆葡萄酒品牌公共服务平台。加强营销网络建设，充分利用好、挖掘出国家地理标志认证的知名产地品牌价值，形成以疆内外目标市场和销售网点为基础的葡萄酒市场推广体系，拓宽销售渠道，延展市场空间，让"新疆葡萄酒与葡萄一样闻名"，不断提高市场占有率。

三是开展葡萄酒企业品牌培育示范工程，支持各地州市根据本地特定历史典故、民俗风情和酿酒文化，建设疆内小产区企业品牌形象，统一形成"新疆品牌"，整合形成"新疆品牌"下的名优特"子品牌"。

五、推动产业融合发展

一是打造葡萄酒文化旅游精品路线，加大精准营销力度，突出差异化发展，避免同质化竞争，打造不同类型的特色旅游产品，塑造新疆地域品牌形象。

二是鼓励和支持各主产区编制葡萄酒文化和旅游产业融合发展专项规划，积极培育各具特色的地方葡萄酒产业融合发展模式。

三是结合乡村旅游，推进新疆特色葡萄酒文化民俗、美食套餐、体验互动、文创赛事等葡萄酒产业多态融合发展。

四是加大葡萄酒文旅发展投入和政策扶持力度。支持客源市场开发、市场推广、市场营销，提高针对不同游客群体设施和服务的有效供给。在宣传推介新疆旅游景区景点的同时，加大葡萄酒产品及葡萄酒文化的宣传力度。

六、推进酒庄特色化发展

一是以和硕为代表的天山南麓葡萄酒产区为试点，整合散、多、杂葡萄酒庄，打造培育集葡萄种植、葡萄酒酿造、休闲旅游和文化推广于一体，具备观光、名酒拍卖、品酒教学、艺术展览、度假休闲、研学、赛事、培训等多重功能的特色精品酒庄，形成葡萄酒产业的高端集群。

二是发展独有品牌酿酒产业，以慕萨莱思为主，建设具备观光、民俗、表演、品鉴、餐饮、休闲、娱乐等多种功能的慕萨莱思酒庄。

七、提升综合物流能力

一是加快推进天山北麓、焉耆盆地、吐哈盆地、伊犁河谷等主产区物流基础设施建设，发展集采摘、冷藏保鲜、加工、包装、运输、销售为一体的葡萄酒综合物流体系。

二是完善大宗农产品冷链物流运输体系建设，提升葡萄原酒冷藏保鲜、冷链运输水平，提高原酒品质。

三是完善葡萄酒电子商务平台建设，推进电商平台和配送网络相融合，实现线上线下共同发展，有效拓展销售渠道，加速扩大内外市场份额。

八、争取国家政策支持

一是建立葡萄酒原酒交易中心。新疆已成为全国重要的葡萄酒生产和供应基地，建议政府引导在新疆建设我国葡萄酒原酒交易中心，提高新疆原酒市场话语权，保证葡萄酒企农利益。

二是调类别减免税收。我国葡萄酒消费税占企业总税负的 1/3，而欧美等主要葡萄酒生产国将葡萄酒列为农产品，给予葡萄酒行业优惠税收政策，甚至达到零税负。我国葡萄酒面临国外产品"低成本"和我国进口品"免关税"双重压力。建议国家把葡萄酒由工业产品转向纳入农产品征税范畴，取消葡萄酒消费税，降低增值税，以降低生产成本，增强市场竞争力，促进葡萄酒产业的蓬勃发展。

三是享受原产地保护政策。争取国家将新疆作为重要葡萄酒原产地保护区，享受国家原产地保护政策。

四是积极争取国家将新疆酿酒葡萄种植、葡萄酒产业发展等纳入相关专项规划、对口援疆重点支持产业项目库，高位推动、内外发力，促进新疆葡萄酒产业发展壮大。

第四节　典型案例：和硕推进"中国优质葡萄酒产区"建设的分析

一、区域状况

和硕县是传统农牧业大县，县域水土光热资源独特，属中温带干旱性大陆气候带，日照时间长，热量丰富，昼夜温差大，十分适宜葡萄、辣椒、番茄、蔬菜、瓜果等农作物的生长。2019 年，全县农作物播种面积 57.29 万亩，粮食 18.23 万亩（小麦 5.34 万亩、玉米 11.31 万亩、谷子 1.24 万亩、薯类 0.31 万亩），棉花 11.97 万亩，油料 0.91 万亩，甜菜 1.86 万亩，蔬菜 2.56 万亩，瓜果类 0.4 万亩，加工番茄 1.2 万亩，加工辣椒 13.11 万亩，其他农作物 7.02 万亩。和硕县是自治区级设施农业先进县，建成设施大棚

2877 座，占地面积 20256 亩。和硕县地处北纬 42 度，具备发展葡萄产业得天独厚的水土光热条件，全县建成葡萄种植基地 6.8 万亩，投产酿酒葡萄企业 15 家、在建 3 家，被确定为自治区首个葡萄酒产业示范基地，和硕葡萄酒获国家地理标志产品认证，自治区葡萄酒检测中心设立在和硕。

二、制约因素

(一) 产业抵御风险能力较弱

受经济下行压力和国外进口酒冲击，行业景气低迷，部分酒庄存在产品滞销现象，新建酒庄由于建设前期手续繁多、手续审批难，致使酒庄落地困难，许多投资者对建设酒庄持观望态度，招商引资难度较大。此外，现有酒庄规模普遍较小，产品结构单一，同类化现象严重。目前，和硕生产的葡萄酒产品主要以干红、干白为主，产品系列不够丰富，且趋于大众化，缺少个性与特色，导致酒庄开拓市场和抵御市场风险能力较弱。

(二) 技术服务支撑产业发展薄弱

近年来，和硕县虽然大力引进知名院校专家学者开展技术指导，也出台了优惠政策加大对葡萄酒专业技术人员的培育，但葡萄与葡萄酒产业技术服务支撑体系较薄弱，科研转化成果少，在一些特色优势产品重大关键技术的攻关、引进、集成和示范推广等方面缺乏实质性突破。同时，葡萄酒生产、销售、管理等方面专业人才仍然匮乏，已成为制约和硕县葡萄酒产业发展的重大制约瓶颈。

(三) 市场开拓及品牌竞争能力不强

和硕县虽然已培育出众多酒庄企业，但整个产区还处于成长发展阶段，真正产生品牌效应、影响力深远的产品不多。酒庄在品牌推广和开拓市场方面基本处于"各自为战、单打独斗"，酒企品牌整合和产品开拓尚未在市场上形成综合竞争优势，产区和酒庄营销力度和创新能力不强，运用现代手段融合发展、能力提升仍然不足。

(四) 全方位多层级资金支持短缺

葡萄种植周期长、风险高，基本上前三年只有投入没有收入，依赖种植户自身支付前期投入，资金压力大，急需财政给予倾斜支持。作为种植实施的基层阵地，三年生葡萄苗木每亩累计需投入资金 4000～5000 元，农牧民资金压力较大，而县级财政支持有限，加之自治区、自治州暂无相关政策和资金扶持，在一定程度上增加了产业发展的"前端压力"，降低了发展"后续动力"。

三、建设重点

（一）优化品种和酿造品质

规范和稳定基地种植规模。按照葡萄产区标准，规范葡萄基地种植标准，鼓励酒庄通过转包、出租、转让、入股等流转形式与农户、合作社建立长期稳定的产销关系，解决基地与企业脱节、利益冲突等问题。重点研究制定葡萄种植用水优惠政策和税收奖补政策，参照农民承包地用水定额，确保葡萄种植灌溉用水，继续享受退耕还林奖补政策。建立农企联结机制情况、收购农户原料情况和年销售额、纳税额增幅情况，给予一定综合奖补，激励种植积极性、稳定种植面积。持续推进品种优化。依托科研院所做好母本园建设，引进、培育一批适合和硕种植且能够表现和硕产区独特性的优新品种，并对不同品种的栽植方式、管理水平、产量指标、质量标准进行探索和研究，逐年稳步推广 1～2 个新品种，推进和硕产区酿酒葡萄品种多样化发展与区域化布局。将优质葡萄新品种种植面积稳定在 5 万亩以上，实现由传统农业向优质、高效、有机、生态的现代化农业转变，形成以有机与绿色葡萄酒为主体的种植示范基地。优化和提升酿酒葡萄品质。准确把握和硕产区优于其他产区的独特的、不可复制的地理气候条件，在葡萄基地建立自动气象观测站，进行大风、霜冻、越冬冻害等气象灾害监测预警。加强与专家、企业对接力度，根据其需要搜集整理气象资料。同时，组织农业、林业等部门针对葡萄地开展土壤检测分析，与科研院所联系，制订科学合理的培肥地力方案，开展水肥一体化试验示范，改善葡萄地土壤结构，提高土壤有机质含量。结合和硕县葡萄基地栽植方式独特性，研究和改装现有机械，在葡萄埋土、修剪、除草松土、施肥、病虫害防治等环节推广机械化作业，降低种植成本。

（二）强化品牌宣传

结合和硕葡萄酒产区的独特性及本土文化、旅游资源，由专业设计公司设计产区整体宣传推介方案和营销策划方案，通过整合产区资源，确定统一的产区宣传用语、广告词、logo、产区形象代言人等，进一步提高产区知名度和美誉度。支持酒庄酒企"走出去"。参加国内外知名展览、推介会和业内公认的、具有权威性的国际葡萄酒大赛等活动。通过广泛征求县域酒庄、专家学者意见，确定专业性、权威性和影响力较高的九项国际大赛，对获得这九项国际葡萄酒大赛的金奖和银奖的企业给予一定奖励。开拓国内市场空间。以有效提升产品质量和特色为核心，坚持产区品牌与企业品牌并重，实施品牌培育工程。加强品牌管理，加大品牌宣传推介力度，充分利用电子商务等新型营销模式，建立和硕葡萄酒品牌公共服务平台，加强营销网络建设，在电商平台建设和硕葡萄酒产区馆。形成以目标市场和销售网点为基础的葡萄酒市场推广体系，拓宽销售渠道，延展市场空间，不断提高市场占有率。发展葡萄酒文化，开发配套餐饮套餐，并丰富各类营销载体平台。统筹全县企业和酒庄，在国内主要葡萄酒消费城市建设以品牌推介、品鉴欣赏、体验交流、文化传播为主题的和硕葡萄酒产区展示交易中心，塑造产区特色品牌形象。鼓励葡萄酒企业在国内主要葡萄酒消费城市或机场建设装饰风格统一、品牌形象突出、具有文化内涵的形象展示店、旗舰店、直销店。在和硕县本地（可联合焉耆县等）定期组织举办葡萄酒节、葡萄酒推广会、葡萄酒品鉴会、葡萄酒产业论坛会、葡萄酒文化论坛等，以多种形式推进产区品牌的建设工作，以提高消费者对和硕葡萄酒产区地理标识的认知度。

（三）建立健全技术服务体系

规范行业发展管理。积极发挥行业协会的作用，引导生产企业遵守规则、加强自律。探索对企业实行"诚信管理"模式，加快建立葡萄酒分级分类体系、葡萄酒质量可追溯体系和信用监督、失信惩罚机制，树立诚信经营的行业风气。强化专业化管理。邀请国内大专院校、县域企业酿酒师、专业技术人员等组成专家委员会，对葡萄基地标准化种植管理、葡萄酒酿造生产、新产品研发等方面进行指导，提升产区葡萄酒整体质量。由专家委员会根据各酒庄葡萄酒的感官特征、理化指标和产品市场销售情况，帮助酒庄确定产品价格范围，提高市场综合竞争力。加快人才队伍建设。通过业务进修、技术交流、参观考察、教育培训等方式，提高现有葡萄酒专业及管理人员的工作能力和业务水平。引进酿酒大师，加强酿酒师交流，并开展品酒师、侍酒师培训。在人才招聘和引进方面给予倾斜，配齐配全县葡萄办人员，发挥职能作用，为打造全国优质葡萄酒产区奠定基础。

（四）培育和引进龙头企业

坚持招大引强，鼓励企业加快转型升级，支持企业在市场竞争中优胜劣汰、兼并重组，着力培育在全国具有较强影响力和市场竞争力的大型葡萄酒企业和强势品牌。引导和鼓励现有的葡萄酒生产企业开展横向联合，尽快形成有竞争力的葡萄酒企业联合体，联合体内部各企业的生产、销售相对独立，在葡萄酒品种、基地建设上实行合理分工，采用地理标志产品专用标志与企业品牌相结合的方式，由联合体统一制定并实施营销策略。紧密各方主体利益联结。发挥龙头企业示范引领和促农增收的积极作用，通过完善"公司＋合作社＋农户"等利益联结模式，实现企业与农户互助共赢。

（五）建设观光农业及葡萄酒文化旅游地

把握和硕悠久的东归文化、危须文化、葡萄在新疆的历史等优秀地域文化，对葡萄酒文化进行时尚化、产品化、市场化重组，通过物境、情境、意境的设计，充分释放葡萄酒特殊的产业关联度，全面提升品位与内涵，塑造和硕鲜明的葡萄酒特色，提升品牌形象，实现与消费者之间积极的情感沟通，进而培养消费者对品牌的认知度和忠诚度。坚持大生态、大文化、大战略为核心的特色产业旅游规划，充分发掘和硕文化底蕴，将葡萄酒产业同和硕当地文化、旅游产业相融合，结合"东归文化""江格尔文化""蒙古族和硕特部落文化"等优势资源，通过建设葡萄生态走廊、葡萄主题公园、修复西域古城等工程，逐步构造出重点突出的有层次的"珍珠串式"科学旅游发展格局，将和硕建设成为具有生态化、个性化、产业化、田园化、体验化、专题化的葡萄酒经典旅游带。

第七章
辣椒产业

　　新疆是全国重要的红鲜椒和红干椒种植基地，新疆辣椒产业作为扶贫产业发展迅速，是广大贫困地区脱贫致富的特色产业；辣椒已成为南北疆乡村产业振兴的首选作物。本章分析了新疆辣椒产业的发展现状及制约因素，提出了新疆辣椒产业竞争力提升的对策建议。

第一节　辣椒产业发展现状

新疆地处世界加工辣椒适宜种植带（适宜温度在 15℃~34℃之间的区域），阳光资源充足，自然种植条件优越，非常适合辣椒生长。随着滴灌等栽培模式的普及，新疆南疆地区常年少雨干旱的天气既有利于辣椒生长期的水肥调控，又利于采摘期的晾晒。再加上新疆土地流转已经大面积推广，更加有利于辣椒集中连片种植。新疆辣椒在产量和品质方面优于国内其他辣椒产区，辣椒种植业在新疆的发展势头强劲，新疆已经成为全国制干椒的原料基地，新疆正在成为全球加工辣椒主产地之一。

一、"增产量促特色"持续调控

新疆发展辣椒产业发展壮大始于 2005 年的"红色产业"发展战略，围绕着农业增效和农民持续增收、促进农业产业结构调整、积极发展特色优势农业等目标，新疆辣椒种植面积逐年增加，种植面积由 2002 年的 12.6 万亩增加到 2019 年的 105.5 万亩，年均增长 12.5%。其中，制干辣椒种植面积达到了 68.5 万亩，占总种植面积的 65.93%，制干辣椒产量已经达到全国总产量的 1/5。

二、"北控南扩"格局初步形成

2019 年，新疆辣椒种植区域逐步稳定，开始呈现北疆地区逐步退出，南疆地区种植面积逐步扩大的趋势。新疆的辣椒分布以天山为界，分为南疆片区和北疆片区。北疆片区主要分布在昌吉回族自治州、塔城地区和伊犁哈萨克自治州。其中，昌吉回族自治州的玛纳斯县、呼图壁县为色素辣椒种植区，昌吉市、阜康市为鲜食辣椒种植区，奇台县、吉木萨尔县为加工辣椒种植区。昌吉回族自治州的辣椒种植面积达 18 万亩，是北疆范围内最大的种植区域。塔城地区的辣椒主要集中在沙湾县的安集海镇，主要种植制干辣椒，种植面积达 5 万亩左右，安集海镇也因此获得"中国辣椒之乡"的美称。伊犁哈萨克自治州的辣椒种植区主要集中在伊宁市、察布查尔锡伯自治县，以鲜食辣椒为主，每年种植面积稳定在 2 万亩。

南疆片区主要聚集在巴音郭楞蒙古自治州。近年来，辣椒产业作为自治区重要的扶贫产业，成为南疆四地州 22 个深度贫困县的重点扶持产业，喀什地区、和田地区开始大面积推广辣椒种植。其中，巴音郭楞蒙古自治州的辣椒种植集中在环焉耆盆地，形成了以博湖县、焉耆回族自治县为主的鲜食、制干及色素辣椒种植区，种植面积达到 77.09 万亩，是新疆最大的辣椒种植区。

三、"核心品质"持续特色提升

新疆日照时间长，昼夜温差大，土地集中连片程度高，干旱少雨，是辣椒规模化种植最适合的区域之一。因此，新疆辣椒的制干品在产量和品质上均优于国内其他主要产区。相同品种的辣椒在新疆的产量是其他产区的 2 倍以上。在品质方面，新疆的辣椒制品具有三大特点：红色素含量高、糖分高、辣味适中。由于新疆土地集中连片程度高，具备机械化规模种植优势，其规模化种植程度远远高于国内其他产区。另外，新疆干燥少雨，病虫害发生的种类和程度均远远小于国内其他产区。病虫害少就意味着农药残留少，因而新疆是国内绿色和有机辣椒最理想的产区。

四、"全链嵌构"初步融合形成

目前，新疆是全国重要的制干椒原料基地之一。其中，焉耆盆地不仅是新疆的制干椒优势产区，还逐渐成为全国的辣椒交易集散地。新疆每年有 70% 的辣椒制干产品被销往疆外进行精深加工。新疆有 14 家辣椒加工企业，包括规模较大的色素椒及其制品企业、辣椒酱及其制品企业。新疆的辣椒制品主要包括辣椒干、辣椒籽、辣椒粉、辣椒红素、辣椒油树脂、辣椒酱、辣椒丝、辣椒粒、辣椒碱、辣椒精、油辣椒等，在全国市场具有较高的市场占有率和知名度。新疆辣椒产业从种子引进、种植管理到产品收购、加工销售的产业链条已初步形成。

五、"品牌效应"提升逐步体现

新疆伊犁大辣椒曾获昆明世界园艺博览会金奖。焉耆盆地种植的焉耆大辣椒因其品质好远销巴基斯坦等中亚国家。新疆种植的色素椒及制干椒不仅产量高，而且红色素含量高，而主要用于食品添加剂的深加工产品辣椒红色素已出口到日本；新疆的辣椒干、辣椒酱、辣椒籽等产品是东南亚国家的热销品。新疆的辣椒享誉国际市场，在美国、日本和韩国等国属于热门货，出口需求逐年上升。

第二节　新疆发展辣椒产业的制约因素

辣椒产业已成为新疆"红色产业"之一和扶贫产业之一，但由于新疆辣椒的产业规模化时间较短，科研水平不高，还存在着产品大多是初级产品等制约产业发展的因素，主要表现在四个方面。

一、产业布局分散，规模效益不够凸显

尽管新疆辣椒具有优异的品质优势，但新疆还未结合产业发展优势，对辣椒产业进行科学规范和布局并制定发展战略，产业资源整合不到位，辣椒晾晒销售环节散乱无序，晾晒、交易、仓储、物流无固定作业场所。辣椒种植以散户为主，种植范围覆盖南北疆各地州市 10 余个县市，种植主体多而散，不具规模。辣椒市场缺乏有效监管，收购投机商较多，价格未能与市场有机衔接，导致质优价不优，影响了辣椒行业的健康发展。

二、自主品种缺乏，品种更新慢

新疆加工辣椒种植品种近 80% 是常规品种，种植户自留种种植现象普遍，杂交品种的亲本主要通过引种品种的分离纯化、同质化严重。同时，加工企业急需的色素加工品种（ASDTA≥400）、辣素加工品种（SHU≥4 万）

等没有及时跟进。目前，国外发达国家农作物育种工作已经全面进入高通量分子育种阶段，而新疆仍然处于常规育种阶段，仅有少量的科研院所开始涉猎分子育种，难以实现精确科学定向选育和将多个优良性状基因聚合。全疆加工辣椒育苗移栽面积普及率逐年提升，但由于种植链各个环节技术优化不够，无法实现全程机械化水平。

三、发展环境有待提高，加工转化力不足

新疆辣椒大多仍处于自产自销状态，产销没有形成有机的利益链条，缺少辣椒集散、信息交易、物流配送等为一体的辣椒市场交易平台，销售价格"随行就市"，抵御市场风险能力较差，不利于长远发展。新疆辣椒产业仍以卖原料为主，加工企业生产规模普遍较小，辣椒加工工业还处于初级加工阶段，产业发展粗放、低效，产品主要为辣椒颗粒、辣椒酱等传统产品，产品科技含量低、附加值不高，辣椒碱、辣椒精、辣椒红素等精深加工刚刚起步。

四、辣椒加工企业规模小，深加工技术滞后

新疆辣椒加工主要以粗加工和食品加工为主，而高附加值、综合深加工制品，如辣椒色素、辣椒油树脂、辣椒籽油、辣椒碱等产品的生产较少。其主要原因是新疆本地的深加工企业技术落后，生产上还存在不少问题，如解决辣椒碱纯度、辣椒色素杂质、辣椒油树脂的色度和辣度、辣椒籽油的色值等关键技术问题的能力欠缺，这些都影响了深加工制品的出口。同时，新疆的深加工企业很少通过国际质量体系的认证，产品评价体系不健全，检测手段落后，导致新疆深加工产品竞争力弱，出口量少。

第三节 辣椒产业的发展
思路与对策建议

按照市场化、产业化、优质化、专用化的要求，用 1~2 年的时间将新疆现代农业加工辣椒产业园打造成标准化生产示范区、产业要素集聚区、产品

加工研发孵化区、科学知识普及区。选育高产、优质、抗病、适宜机械化采捕的突破性加工辣椒品种，完善科技服务体系，引导壮大龙头企业，加快标准化生产步伐，提高规模集约化水平，带动区域经济发展和农民增收。到2025年，全县加工辣椒种植面积稳定在50万亩左右，加工率达到60%以上。

一、优化辣椒产业区域布局

根据国家优势农产品区域布局规划，结合新疆实际情况，以优化品种结构和产区品种进行产业布局，实现生产基地现代化、规模化、区域化，形成优势产业带，建成具有地方特色的辣椒生产基地。在塔城地区的沙湾县、和丰县干鲜两用辣椒加工区打造天山北坡辣椒生产基地，在巴音郭楞蒙古自治州的焉耆回族自治县、和静县、博湖县、和硕县和阿克苏地区的阿瓦提县、温宿县、沙雅县、拜城县打造红鲜椒和红干椒出口基地。

二、示范推广普及新品种

设立新品种引进选育及推广专项资金，支持科研单位与龙头企业积极开展新品种选育、引进、筛选、优化和推广工作，提高自主创新能力，加快品种的更新换代；加强与良种繁育基地、科研院所的对接，为企业、农户搭建平台，规划建设辣椒育种示范基地，广泛引进新品种进行培育，选育推广优质、高产、抗病、适应市场需要的优良品种。以优质高产为目标，加强地方特色辣椒品种的提纯复壮工作；围绕辣椒深加工对专用型辣椒原料的需求，加大杂交种推广力度，减少常规种植面积，提高干制辣椒产量和质量，满足加工需求。加强成熟期一致的品种的选育，在适宜区域实现机械化采收。

三、加快延长辣椒产业链

适应国内外市场对辣椒深加工产品需求日益扩大的需要，大力开发辣椒精深加工产品，延长辣椒产业链，优化辣椒加工业结构，加快推进新疆辣椒规模化、标准化、品牌化、产业化建设，推动辣椒全产业链绿色转型升级。综合加工开发辣椒系列深加工产品，重点发展辣椒红色素、辣椒碱、辣椒籽油、辣椒油树脂等高附加值产品。建立辣椒原料及深加工产品的统一评价体系，提高辣椒及深加工产品的检测水平，使内销产品与国际贸易产品的质量标准相一致，争取扩大出口。

四、培壮龙头树知名品牌

培育壮大一批辣椒综合精深加工龙头企业，加快打造辣椒产业集群。在南疆的焉耆盆地、喀什的莎车县、和田的和田县，引进、培育一批辣椒精深加工龙头企业，重点发展辣椒红色素、辣椒碱、辣椒籽油、辣椒油树脂等高附加值的辣椒产业，逐步培育若干具有特色和知名度的深加工拳头产品，打造国家级的名牌产品或名牌企业。加工企业要把基地建设与乡村振兴基本国策紧密结合，作为企业发展的重要抓手，与农户建立利益联结机制。此外，要积极发展农业专业合作经济组织，强化规模化种植和"公司＋基地＋农户"的产业化格局，鼓励有条件、有资金的种植大户实施辣椒产业规模化、品牌化发展。

五、提升产品质量安全

加快起草并颁布新疆辣椒行业综合标准，为辣椒及其制品的生产环节提供可靠、科学的依据。积极在新疆规模化程度较高的生产区域全面推广标准化、无害化生产技术，实现无公害、绿色食品生产，做好产品安全认证、绿色食品认证、原产地认证等工作。建立健全辣椒加工企业标准和质量安全检验检测标准，加强辣椒制品精深加工质量监控体系建设。

第八章
香料产业

香料产业带动一二三产业融合发展趋势明显，产品应用广泛、市场需求大、产业附加值高，是不可忽视的"朝阳产业"。香料产业的发展需要构建完善的芳香产业发展体系，从财政、金融、市场、经营主体等多方位入手，依托龙头企业带动整个产业的发展壮大。霍城县香料产业发展具有很强的代表性。本章从基本概况、问题短板、未来发展重点和方向、对策建议等方面着手展开研究分析，提出设想，为推进新疆农业高质量发展注入"芳香"产业力量。

第一节　香料产业发展概况

霍城县位于新疆西北部的伊犁河谷地带、天山西段，是有名的"塞外小江南"，是进入伊犁河谷的"咽喉要道"。全县现有多个薰衣草园，以及10多家加工企业及合作社，以香料种植为基础的农家乐、休闲农业园、休闲农庄等经营主体不断兴起壮大。依托香料产业发展基础，霍城县以全域旅游示范区创建为主线，在旅游设施建设、景区创建、品牌打造等方面做了大量有益的工作，全力打造了惠远古城、图开沙漠、中华福寿山、薰衣草园等一大批精品景区，形成了历史文化、民俗文化、香草文化、沙漠风情等独具特色的"霍城名片"。2021年1~9月，霍城县累计接待国内游客589.5万人次，同比增长39.46%，实现旅游收入37.12亿元，同比增长26.36%；第十届薰衣草文化旅游节期间（仅6月12~14日），霍城县就接待游客14.99万人次①，芳香产业促进了旅游业的持续健康发展，芳香之城的雏形已初步显现。

一、薰衣草产业

霍城县与法国普罗旺斯、日本北海道被公认为是世界上最适宜种植薰衣草的三大区域。霍城县自1964年从法国引进、培育栽植薰衣草，迄今已有54年历史。目前已在芦草沟、大西沟、清水河、惠远、三宫、萨尔布拉克、兰干等乡镇种植薰衣草，总面积达5.4万亩，年产精油40吨、干花810吨，产值达6000余万元。截至目前，霍城县已成功举办八届薰衣草国际旅游节，建成多个薰衣草园，拉动薰衣草精油、干花及其衍生品销量不断增长，带动周边近万人就业。

二、薄荷产业

薄荷最佳种植区域在北纬41度以上，全年日照时数大于1000小时，从纬度和日照时间来看，霍城县全域范围内除个别极端地区外，均属于椒样薄

---

① 资料来源：霍城县文化体育广播电视和旅游局公布的数据。

荷适宜生长的区域。霍城县自 2002 年开始进行椒样薄荷引种培育工作，主要品种是欧洲紫茎薄荷和美国薄荷，目前处于种苗培育和小面积试种阶段，尚未形成种苗供应、种植、技术支持和服务、提炼与加工、收购与销售于一体的产业体系。截至目前，种苗面积达到 2000 亩，主要分布在三宫乡、三道河乡、清水河镇，亩均精油产量为 6～8 公斤，直接产值近 500 万元。因种植面积较小，播种和收割均为纯手工作业，未建成规模的加工企业，仅在试种企业有小规模精油加工设备。

三、玫瑰产业

霍城县的纬度、日照天数和年降水量等气候指标比较适宜种植各类玫瑰。霍城县引进大马士革玫瑰种植，初期仅限于园区小面积种植，种植面积现已扩大到 1000 余亩，约产 80 公斤天然玫瑰精油，主要分布在果子沟、芦草沟、大西沟、萨尔布拉克等乡镇，每亩收益达到 4000 余元。目前已培育发展了多家以芳香植物为原料的加工企业，创建了多个香料品牌，开发了玫瑰精油、玫瑰纯露、香囊、香包娃娃玩具、高档花草茶、沐浴液、工艺品插花等系列产品。

四、甘菊产业

2012 年，霍城县从国外及兵团引进罗马洋甘菊种苗开始试种，目前集中在芦草沟镇种植，面积达到 1000 余亩，亩均精油产量达到 600～1200 克，产值达到 300 余万元，播种和收割已实现全部机械化。近几年，霍城县通过"企业＋合作社"的发展模式，初步形成种苗供应、种植、技术支持和服务、提炼与加工、收购与销售的产业链条，研发生产了精油、药材、花茶等产品并销往国内外多个地区。

第二节 香料产业存在的主要问题

霍城县香料产业发展虽然具备一定基础和优势，但在种苗培育、种植布局、精深加工、标准化体系建设等方面仍存在不足。

一、香料作物品种混杂

霍城县全县香料作物品种选育、种苗培育上鱼龙混杂、良莠不齐。有群众零星种植，也有企业流转土地规模化种植；有散户自发种植，也有合作社联合种植。总体而言，缺乏统一标准化的香料作物种苗培育技术标准和基地支撑，无法进行科学、高效和规范管理。以薰衣草为例，常常存在同一块地里有多个品种混种现象。原料的混杂破坏了精油等产品的纯正性，影响产品品质和市场增值，无法满足高品质市场需求。

二、种植规模小而散

从经济效益看，香料作物亩产价值远远高出小麦、玉米等粮食作物。目前，香料作物种植分布广，整体种植规模小而散。全县香料作物种植广泛散种于各个乡镇，种植区域呈现"小集聚、大分散"，缺乏统一布局、生产，行业间无序竞争严重且内部竞争消耗增大，不利于整体产业发展。

三、产品精深加工不足

虽有薰衣草、玫瑰、薄荷、洋甘菊加工品，但以初级加工品居多，产品较为单一，如"毛油"、香皂、插花园艺、香枕、抱枕、香囊等。由于缺乏先进技术工艺设备等条件，当地尚无能力进行精深高端产品研发，除精油、干花等初加工产品外，诸如玫瑰果油、玫瑰花黄酮、玫瑰花多糖、玫瑰花蜡、薄荷脑、高沸点精油等高附加值产品被埋没在蒸馏后的废弃物中，被用于生产饲料或生物肥料。诸如花色素、胶囊、面膜、花茶、香薰、沐浴液、家居饰品、食用产品（特色食品和保健食品）等产品的精深加工、包装、营销等基本是委托广州、上海等外地企业，造成大部分市场增加值流失。如薰衣草初加工精油（"毛油"）为每公斤 500～1000 元左右，远低于欧美国家精深加工后精油每公斤 2800 元以上的价格。总体来讲，精品匮乏，香料产业整体综合开发利用率较低。

四、标准化体系建设滞后

由于技术、管理、人力资源等方面的原因，全县薰衣草等香料的质量检测、质量认证等标准化体系建设总体水平较低、标准体系还不尽完善，检测工作尚不能满足产品监控快速发展的需求，比如在品控方面，整个伊犁州香料行业还没有用于检测和品控的气相—质谱联用仪器，每个样品都要送到乌鲁木齐等城市去检测。同时，各部门在推广实施农业标准过程中各自为政，缺少协调配合和资源共享。

第三节　香料产业市场预测

香料市场发展势头向好，香料产品需求不断升级，产业融合发展趋势增强，香料种植已成为霍城县农民增收的有效途径，香料产业精深加工的中高端产品市场广阔、产品经济附加值较高，经济效益突出，是促进农民增收致富更加高效地发展产业。

一、薰衣草产业

（一）精油类

据香料行业香料精油类产品相关市场报告的数据，70%以上的城市市民愿意购买天然精油类美容化妆品。由行业统计数据预测，2018～2022年薰衣草精油类市场需求总量将由179吨增加到216吨，净增长37吨，年均增长5%。其中，出口总量达到24吨左右，年均增长4%。目前，霍城县薰衣草精油产量较为稳定，随着全国需求量不断增长，供不应求。预计2018～2022年，供需缺口量将从139吨增加到176吨，年均增长6%。伴随着技术的提升，纯精油、混合精油产品的开发力度进一步加大，精油市场产出规模将持续释放，到2022年，我国薰衣草精油行业产值规模将达77亿元（见表8-1）。

表 8 - 1 薰衣草精油供需量及产值预测

年份	全国需求量（吨）	缺口量（吨）	霍城县产量（吨）	行业产值（亿元）
2015	155	115	—	12
2016	163	123	—	16
2017	171	131	40	21
2018	179	139	55	27
2019	188	148	76	35
2020	197	157	105	45
2021	206	166	145	59
2022	216	176	200	77

资料来源：根据香料行业香料精油类产品相关市场报告的数据整理所得。

（二）干花类

薰衣草干花可以制作香枕、抱枕、香包、花茶、香薰、家居饰品等多类产品，市场潜力较大。由行业统计数据预测，2018～2022年薰衣草干花类市场需求总量将由1266吨增加到1539吨，净增长273吨，年均增长5%。预计2018～2022年，供需缺口量将从450吨增加到730吨，年均增长12.85%。伴随着需求的升级、产品市场的进一步细分，功能各异的干花类产品市场将进一步拓展，其产出规模将逐步释放，到2022年，我国薰衣草干花类行业产值规模将达9.8亿元（见表8-2）。

表 8 - 2 薰衣草干花供需量及产值预测

年份	全国需求量（吨）	缺口量（吨）	霍城县产量（吨）	行业产值（亿元）
2015	1094	280	—	7.0
2016	1149	339	—	7.3
2017	1206	390	810	7.7
2018	1266	450	735	8.1
2019	1330	520	668	8.5
2020	1396	586	606	8.9
2021	1466	656	551	9.3
2022	1539	730	500	9.8

资料来源：根据香料行业香料精油类产品相关市场报告的数据整理所得。

二、薄荷产业

椒样薄荷的主产品薄荷脑和薄荷素油消费区域遍及 100 多个国家，消费人口达 35 亿，年消费量近 1.2 万吨。随着世界经济的发展，薄荷系列产品消费量还将以 5% ~6% 的速度递增。据统计，全世界每年椒样薄荷精油的产量仅为 3000 多吨，而年需求量却超过 6000 吨，其中我国的年产量不足 100 吨（见表 8 - 3）。

表 8 - 3　　　　　　　　薄荷精油供需量及产值预测

年份	全国需求量（吨）	缺口量（吨）	霍城县产量（吨）	行业产值（亿元）
2015	2837	1702	1	11.35
2016	3007	1804	6	12.03
2017	3188	1913	12	12.75
2018	3379	2027	40	13.52
2019	3582	2149	96	14.33
2020	3797	2278	160	15.19
2021	4024	2415	200	16.10
2022	4266	2560	240	17.06

资料来源：根据香料行业香料精油类产品相关市场报告的数据整理所得。

三、玫瑰产业

目前，全球主要玫瑰种植地有保加利亚、法国、土耳其、摩洛哥、俄罗斯等，其中保加利亚种植面积 7 万亩。全球玫瑰系列制品产值已超过 100 亿美元，产品供不应求。

我国玫瑰花种植面积超过 20 万亩。其中，以山东、甘肃、北京、江苏、河南、河北、四川、辽宁、黑龙江、台湾、山西、新疆、陕西等为主，尤其以山东平阴的重瓣玫瑰、甘肃的苦水玫瑰，以及新疆和田玫瑰最为有名。据业内人士估算，目前中国玫瑰制品年均需求增长高达 12% ~14%，产能增长约为 8%，市场需求缺口超过 60%。

从精油市场上看，国际国内市场对天然玫瑰精油的年需求量在 15 吨左右。从干花市场上看，中国药用、食用、酒用、化工及出口等玫瑰花年需求总量在 30 万吨以上，而全国总产量不足 10 万吨，供求矛盾比较突出。按照现有产能，到 2022 年全国供应缺口量约 36.7 吨，行业产值 45 亿元（见表 8-4）。

表 8-4　　　　　　　　　　玫瑰精油供需量及产值预测

年份	全国需求量（吨）	缺口量（吨）	霍城县产量（吨）	行业产值（亿元）
2015	14.2	13.4	0.080	17
2016	16.3	15.5	0.080	20
2017	18.7	17.9	0.080	22
2018	21.5	20.7	0.127	26
2019	24.8	23.9	0.201	30
2020	28.5	27.5	0.318	34
2021	32.8	31.8	0.505	39
2022	37.7	36.7	0.800	45

资料来源：根据香料行业香料精油类产品相关市场报告的数据整理所得。

四、甘菊产业

罗马洋甘菊产业市场不同于薄荷市场稳定，因其精油不能直接与皮肤接触，需再次加工。目前，全世界对罗马洋甘菊精油的年需求量不超过 50 吨。我国罗马洋甘菊种植面积大约在 1.1 万亩左右，若全生产成精油，产量为 13 吨左右。其中，种植面积 90% 在新疆，霍城县占了新疆的 10%（见表 8-5、表 8-6）。

表 8-5　　　　　　　　　　洋甘菊精油供需量及产值预测

年份	全国需求量（吨）	缺口量（吨）	霍城县产量（吨）	行业产值（亿元）
2015	25.32	12.32	0.0	1.01
2016	26.10	13.10	0.3	1.04
2017	26.88	13.88	0.6	1.08
2018	27.66	14.66	2.4	1.11
2019	28.44	15.44	3.3	1.14
2020	29.22	16.22	4.2	1.17
2021	30.00	17.00	5.1	1.20
2022	30.78	17.78	6.5	1.23

资料来源：根据香料行业香料精油类产品相关市场报告的数据整理所得。

表 8-6   洋甘菊干花供需量及产值预测

年份	全国需求量（吨）	缺口量（吨）	霍城县产量（吨）	行业产值（万元）
2015	756	736	1	6048
2016	832	812	25	6656
2017	908	888	50	7264
2018	984	964	200	7872
2019	1060	1040	250	8480
2020	1136	1116	500	9088
2021	1212	1192	750	9696
2022	1288	1268	1000	10304

资料来源：根据香料行业香料精油类产品相关市场报告的数据整理所得。

五、其他香料产业

霍城县还适宜种植香紫苏、神香草、鼠尾草、百里香、迷迭香、海索草、万寿菊、牡丹等香料植物。新疆生产建设兵团第四师七十六团种植了香紫苏、霍城丝路农桑园景区种植了油用牡丹等。以香紫苏为例，目前我国香紫苏产量仅能满足市场需求的 40% 左右，缺口量大，其中香紫苏精油国内外市场均出现缺货现象，每公斤价格已上涨到 500～600 元；提取其精油后的植物残渣还可再提取香紫苏浸膏，每公斤浸膏的国内市场价格为 280 元左右。浸膏再提炼香紫苏醇，每公斤达 800 元左右。同时，香紫苏也可装扮香草园景观，引游客驻足观赏。综合计算，种植香紫苏亩产值可达 4500 元左右。

第四节　香料产业发展重点

一、薰衣草产业

引进国外薰衣草新品种，打造全国优质薰衣草基地。加快下游产品自主研发创新和区外合作开发，重点研发生产精油、干花、香水等产品，扩展衍生日化产品、香薰美容和精油康体保健等高端服务产业链，着力实现薰衣草一二三产业协调融合发展。

（一）建设优质薰衣草种植基地

力争未来 5 年内优质薰衣草种植基地达到 4 万亩，鼓励龙头种植企业、种植合作社和种植大户进行规模种植，示范推广薰衣草标准化种植，推进智能灌溉示范，在芦草沟镇建立新技术示范中心，积极推广有机种植。到 2022 年，种植总面积达到 50000 亩，其中清水河镇 3000 亩、芦草沟镇 25000 亩、兰干乡 10000 亩、惠远镇 1000 亩、萨尔布拉克镇 2500 亩、三宫乡 4000 亩、大西沟乡 3000 亩、三道河乡 1500 亩。

（二）力促薰衣草精深加工集聚发展

一是加大薰衣草产品研发力度。依托企业，联合区内外相关科研机构，开展精油萃取技术研发，拓展提取物、浸油、精油、美容香薰、康体精油、药用成品等产品开发生产，延伸食用香料和食品添加剂、日化香精等衍生产品开发生产。建立全国薰衣草研究中心，借力区内外科研院所，研发生产薰衣草系列产品，起草"有机薰衣草栽培技术规程"。推广"超临界二氧化碳流体萃取技术""亚临界流体逆流萃取技术""工业制备级分子蒸馏技术"等，推进薰衣草精油品质的国际先进水平建设。

二是扩大薰衣草初级加工能力。综合交通、产业基础等条件，在清水河镇、芦草沟镇、三宫乡等薰衣草种植区域，就近扩大提升薰衣草鲜花、干花等初级产品加工能力，重点发展鲜花盆景、园林绿化、干花虫卵杀灭、消毒无害化处理填充、干花家居饰品等产品。

三是提升薰衣草精深加工能力。在清水河镇工业园区规划建设薰衣草精深加工区，新建 5 条薰衣草精油加工生产线。引进国内外知名日用化工、食品、酿酒等行业企业来霍城投资设厂，建立配套工程实验室和 GMP 标准化生产车间，购置萃取、气相—质谱联用仪器等相关实验检测、品控设备，建成区域内净化面积最大、生产工艺最先进、生产作业配套最完备、检验检测手段最前沿的标准化生产作业基地。发挥本地优质薰衣草原料优势，采用超临界二氧化碳流体萃取技术、亚临界流体逆流萃取技术、工业制备级分子蒸馏技术等先进工艺提炼精油，深度开发日化用品、食品药品、烟草香料香精等系列产品，拓展薰衣草产业链条。

（三）着力培育拓展薰衣草系列产品

一是开发薰衣草鲜花产品。依托现有薰衣草研发生产企业，加快与国内外有实力企业合作交流。薰衣草鲜花产品可以做盆栽或与其他鲜花搭配做花束，也可用于花园广场、模纹花坛、私家园林，或布置花境、花带、花丛等园林绿地，均具有独特的观赏效果。

二是开发薰衣草干花产品。薰衣草的香味有缓解疲劳和帮助睡眠的作用。薰衣草收割后，经自然风干，制成干花，可以编成花环或制作干花插花，也可做成香袋、香囊、香枕、抱枕、靠垫、家居饰品等及其他工艺用品。

三是开发薰衣草工艺产品。以薰衣草为元素开发印有薰衣草花卉图案的餐具、服装、小饰品、玩具、旅游明信片、人物脸谱等旅游产品。

四是创新薰衣草文化产品。从市场细分、消费者成长视角，创新开发特定系列产品，增加消费者的精神体验和价值认同，如打造"香遇、香爱、香知、香许、香守"等内容的"香"系列产品。

五是生产薰衣草高级产品。可生产化妆品、香水、面膜、手工皂、香膏、沐浴露、乳液、发油、发乳、精油蜡烛、香味纸巾、汽车香薰饰品、精油吊坠项链、香薰喷雾、定制款精油产品等。

六是开发薰衣草饮品食品。可开发薰衣草花茶、薰衣草奶茶、薰衣草咖啡、薰衣草啤酒、薰衣草风味饮料、薰衣草蜂蜜、薰衣草饼干、薰衣草蛋糕、薰衣草果冻、薰衣草糖果、薰衣草果酱等，提高饮品食品的市场价值。

七是研发生产薰衣草药品。薰衣草有"芳香药草"之美誉，全草都可入药，被广泛用于治疗胸腹胀痛、感冒咳喘、头晕头痛、心悸气短、关节风湿等医药合成中，发挥镇静、安抚、降压、降脂、清脑、抗菌、愈合和抗发炎等作用，比如清风油、云南白药等药品中均有薰衣草药用成分。可加快招商引资，引导企业充分挖掘薰衣草的药用价值。

八是推广薰衣草用于绿化。大面积推广薰衣草绿化进乡镇村落、进千家万户、进城市大街小巷，广泛应用于园林观赏、庭院绿化，培育出适宜乌鲁木齐、北京等疆内外城市种植的品种进行推广，满足市民观光、采摘、旅游、美化居室等需求，拓展区外市场。

（四）建设薰衣草现代休闲观光园区

一是构筑交通沿线景观带。重点建设芦草沟镇、果子沟牧场、清水河镇、三宫乡、水定镇等218国道、312国道和高速公路沿线乡镇发展薰衣草连片景观带，沿线设置"爱情、浪漫、芳香、美肤、康养、摄影"等宣传牌、文化凉亭、薰衣草花形，如制作"紫缘（只愿）遇上你""紫为（只为）你而来"等类似宣传标识语和宣传牌，让驴友、背包客、自驾游、房车游、探险者等不同群体充分体验到"一路花海、紫色天堂"的美妙。

二是提升休闲观光核心区。在惠远镇、三宫乡、清水河镇、萨尔布拉克、芦草沟、大西沟提升香料观光休闲园的服务及品质。丰富观光休闲园内容，挖掘深层次价值，建设薰衣草休闲文化广场、精品产品展示区、薰衣草种植展示区、薰衣草精油加工体验区、心理治疗和芳香SPA体验区。构建完善薰衣草紫色浪漫花海、知青屋、休闲生态餐厅、二十四节气园、科普体验园、薰衣草农耕文化展示区、DIY园艺体验区、DIY手工精油蒸馏体验区、DIY精油、干花产品手工制作体验区、童趣园、亲子园、"骑行花千谷"等内容，着力提升休闲观光核心区，促进薰衣草观光休闲园整体发展，减少内部恶性竞争，形成合力，吸引不同消费者观光旅游，辐射带动农牧民就业创业增收及休闲观光农业产业发展。

三是打造芳香小镇集群。结合薰衣草国际旅游节，在清水河镇、芦草沟镇、三宫乡、惠远镇、大西沟乡等薰衣草集中种植区，逐渐形成"同属薰衣草，紫色（姿色）真不同"特色小镇集群，串珠式发展，打响"解忧清水河""紫香惠远城""紫醉福寿山""香源（相缘）在三宫""香恋（相恋）芦草沟"等主题庆典薰衣草欢乐节，构建特色"芳香小镇"。惠远镇结合惠远古城历史文化，让游客体验古城时期生活场景；清水河镇依据已有的薰衣草基地优势，让游客开启"普罗旺斯之旅"，穿上各式各样、不同年代、各种角色的服装，骑坐100多年前脚踏车与马车，往来基地之中，购买用薰衣草做的肥皂、香水、塞满薰衣草花的药枕头和薰衣草蜂蜜、薰衣草糖果、薰衣草甜品、薰衣草针织品等产品。

四是挖掘"薰衣草之梦"品牌。借助霍城县电商平台，广泛宣传"薰衣草之梦"品牌，在产品营销上，形成一整套的"薰衣草之梦"系列产品。打造"薰衣草之梦——逐梦前行"品牌，如开展"梦之春""梦之夏""梦之秋""梦之冬"活动，印象四季，全年旅游。延伸"芳香小镇"旅游历史文化价值内涵，定制专属旅游卡，设置旅游专属游客足迹记忆墙，增强旅客独有的纪念感知和回返欲望。加快乡镇特色与"薰梦"品牌充分结合，打造"薰衣草之境""薰衣草之屋""薰衣草之情"等系列产品；进一步挖掘情侣热气球、花海毡房等"浪漫产业"优势；加快保健、康养等幸福产业发展，形成"套装"品牌产品，深挖产业潜力。

二、薄荷产业

扩大薄荷种植面积，打造"龙头企业＋合作社＋农民"的发展模式，引进国内外椒样薄荷精深加工技术，延伸椒样薄荷产品链，实现椒样薄荷下游产品加工本地化，使霍城县香料产品结构、区域布局和资源配置等更趋合理，建立起比较完善的椒样薄荷产品生产体系和市场体系。

（一）构建优质椒样薄荷种植基地

在清水河、三宫、良繁中心、三道河、兰干等乡镇发展椒样薄荷种植基地，通过土地流转、租赁等方式实现椒样薄荷的集中连片种植，到"十四五"末，全县椒样薄荷（含小叶留兰香）种植面积达到 3 万亩。其中，兰干乡 8000 亩，清水河镇 5000 亩，三宫乡 6000 亩，三道河乡 5000 亩，良繁中心 6000 亩。

（二）培育椒样薄荷加工龙头企业

建设椒样薄荷精油提取生产线。在霍城县工业园区建设椒样薄荷精油提取加工生产线，并完善配套设施。主要内容包括 200 亩的办公区及相关设施，500 亩的加工区及配套设备。重点完成 3 组 6 条水蒸馏生产线及相应配套、椒样薄荷提取设备两套及相应配套、烘干设备两套及相应配套、萃取设备一套及相应配套及 10000 平方米的冷库及配套。加快培养椒样薄荷下游加工经营企业。引导椒样薄荷加工经营企业优化产能配置，加大科技投入，创新管理理念，完善风险管理，加强品牌建设，增强营销能力，提高企业核心竞争力。培育有一定基础和潜力的企业通过各种方式形成跨地区、产供销一体化的龙头企业。建立和完善椒样薄荷加工行业公平有序竞争机制。加快霍城县椒样薄荷产业有关行政法规和技术法规（标准）体系建设，规范行业经营行为，促进有序竞争。

（三）推进椒样薄荷系列产品开发

大力发展椒样薄荷精深加工，依托相关企业，对椒样薄荷精油萃取技术工艺进行升级改造。鼓励企业与上海交通大学芳香植物研究中心、中国农业大学、中科院新疆理化技术研究所、伊犁师范学院、伊犁州农业技术推广总站等科研院所建立长期合作关系，进行薄荷新产品开发研制。鼓励农民专业合作社积极参与薄荷茶等低附加值产品生产。引进国内外知名日用化工、食品、烟草等行业企业来霍城投资设厂。深度开发食品添加剂、烟草矫味剂、日用品和空气清新剂等系列产品，拓展薄荷产业链条。

（四）积极开拓薄荷系列产品市场

与国内知名企业合作，开发薄荷香精土产品系列食品，如薄荷糖、口香糖、润口糖、清凉薄荷糕，以提高所生产食品的档次；推动薄荷香精应用于酿造工业，用薄荷产品酿造薄荷酒、薄荷露、薄荷清凉饮料和薄荷蜂蜜水等。引导企业将薄荷精油及其衍生物用于日用品的开发和生产，如牙膏、牙粉、漱口水等口腔清洁用品及冷霜、剃须膏、须后水、花露水、香水、香皂、洁面乳、面膜、洗发膏，洗发水、洗手液、沐浴露、防晒霜等护肤化妆品和洗涤用品；开发日用杀菌、驱虫薄荷系列产品，如纯天然驱蚊花露水、空气清新剂、杀虫剂、面巾、卫生巾以及鞋垫、保健内衣、被褥等家庭卫生用品等；开发凉咽润喉的梨膏糖类保健品、晕车药和醒脑开窍醒神的特色产品。既有清凉芳香之功效，又有杀菌消毒之妙用。通过对薄荷制品市场的培育和广泛应用，不断扩大市场需求，为椒样薄荷产业发展奠定良好基础。

三、玫瑰产业

以突出"西域玫瑰之都"品牌为主题，以大马士革玫瑰规模化种植为基础，以玫瑰系列化产品加工为关键，大力实施玫瑰产业带动战略，经过5年时间的努力，霍城县以大田玫瑰、间作玫瑰及四旁玫瑰种植相得益彰的格局基本形成，全面实现玫瑰花种植基地和加工基地配套建设，以龙头企业为主牵动的玫瑰精油、玫瑰系列产品为主的"产、加、销"一体化发展模式基本建立，以玫瑰特色品牌为主体，以玫瑰观赏园、玫瑰县城和玫瑰乡村为主题的独具特色的旅游胜地建设全面完成。玫瑰经济在全县芳香产业、旅游、农副产品加工、现代服务业领域占有举足轻重的地位。

（一）构建优质玫瑰种植基地

通过组织宣传引导、实地观摩、政策优惠、资金补助等方式，加大玫瑰适宜种植区农民的说服工作，制定政策鼓励引导农民专业合作社、企业及其他各种市场主体通过土地流转参与大马士革玫瑰种植。确保实现 2022 年种植 10000 亩玫瑰的目标。各乡镇的具体任务是：芦草沟镇种植大马士革玫瑰 2000 亩；清水河镇种植 1000 亩，萨尔布拉克镇种植 400 亩；惠远镇种植 500 亩；水定镇种植 500 亩；兰干乡种植 3000 亩；大西沟乡种植 600 亩；三宫乡种植 1500 亩；三道河乡种植 300 亩；良繁中心种植 200 亩。

（二）强化示范推广种植技术

示范推广玫瑰标准化种植，在规模种植条件成熟的地区进行智能滴灌示范，提升科技水平，节约水资源；在清水河镇建立 700 亩优良品种培育基地，加快新品种引进、选择、繁育和优质苗木推广；在芦草沟镇建立新技术示范中心，研究和示范玫瑰田间管理新技术，提升管理水平和种植效益。

（三）研发生产玫瑰系列产品

依托知名企业，进行精油萃取技术工艺升级改造，鼓励企业开发新产品，提升产品品质；加快技术创新，与世界园艺协会、南京野生植物综合利用研究院、中国农业大学、中科院新疆理化技术研究所、河南省亚临界生物技术有限公司、新疆医科大学、新疆师范大学、伊犁师范学院、伊犁州农业技术推广总站等科研院所建立长期合作关系，为解决技术难点、加快技术创新奠定基础。鼓励农民专业合作社参与玫瑰干花及干花蕾等低附加值玫瑰产品生产，增加农民二三产业收入；制定霍城县玫瑰产业发展指导目录和优惠政策指引，引进国内外知名日用化工、食品、酿酒等行业企业来霍城投资设厂，利用本地优质玫瑰产品，深度开发玫瑰香水、化妆品、食品和酒饮料等系列产品，拓展玫瑰产业链条。

（四）打造玫瑰特色浪漫村镇

在清水河镇、芦草沟镇规划建设玫瑰休闲养生体验区，推进大马士革玫瑰康养特色产业和文化创意产业发展，挖掘大马士革玫瑰的文化价值，构建"玫瑰之都""爱情之都""玫瑰情海"，重塑地区和谐浪漫品牌形象。以玫瑰种植园形式、以旅游六大要素为规划方向，打造以大马士革玫瑰为主题的地标品牌——玫瑰小镇，实现生产型种植向景观化种植的转化提升，并通过扩大规模，适时推出定制香水、花海旅游、影视基地、主题婚庆摄影、玫瑰温泉、玫瑰芳香 SPA、玫瑰餐饮、玫瑰主题客栈、玫瑰主题户外运动、精神抑郁类康复辅助芳疗产业等项目，配置观光休闲、度假设施，赋予旅游功能，探索"旅游＋农业、旅游＋工业"等全新的模式，起到"一业带动百业"的作用。

（五）建设产品展销与互动区

依托清水河镇电商物流园，推进玫瑰系列产品展示展览和销售，介绍霍城玫瑰发展历史、玫瑰功效，展示玫瑰系列产品、玫瑰发展新成果等，提高霍城玫瑰知名度。在旅游旺季现场演示玫瑰系列产品在家居美化、净化、医疗美容、健身等方面的功效，展示玫瑰香包、香囊、香包娃娃填充玩具、高档花草茶、玫瑰植物蚊香、沐浴液、工艺品插花等生产工艺和生产过程，传播芳香文化。拓展玫瑰系列产品"互联网＋"线上销售平台，线上线下同步进行，拓宽玫瑰系列产品销售渠道。

（六）培育拓展玫瑰系列产品

携手国内实力企业，拓展培育玫瑰精油系列衍生产品，提升化妆品、食品、饮品等独特的玫瑰清香与高雅的玫瑰风味。除蒸馏法玫瑰精油、干花等初加工产品外，采用亚临界流体逆流萃取技术、二氧化碳超临界流体萃取技术、超声波萃取技术、工业制备级分子蒸馏、分子筛膜分离等技术，提取玫瑰果油、玫瑰花黄酮、玫瑰花多糖，玫瑰花蜡、高沸点玫瑰精油等高附加值产品。在中医药理论指导下，充分发挥中药复方协同增效、减毒的作用机理，将芳香植物等天然活性成分与传统中药方剂、现代高新生物提取技术和先进化工制剂制备技术等紧密结合，全面提升化妆品功效，重点开发保湿、美白、护肤、抗衰老功效的全天然有机玫瑰系列高档化妆品、高级香水、玫瑰蜡口红、香皂、香片、香囊、洗发液、洗浴液等系列产品；开发一系列玫瑰天然产物的保健食品；生产特色民族食品玫瑰馕、玫瑰月饼、玫瑰饼干、玫瑰面包、玫瑰元宵、玫瑰梨丸子等系列玫瑰烘焙食品；研制玫瑰花酒以及玫瑰汁、玫瑰汽水、玫瑰可乐、玫瑰露等系列玫瑰香型饮品，生产玫瑰花熏茶以及玫瑰花蕾茶等；生产玫瑰花果酱、玫瑰花果脯等产品；探索玫瑰花蕾用于中药材；开发以玫瑰鲜花为食材的烹饪佳肴，在舌尖上展现芳香霍城魅力；广泛推进玫瑰用于城市园林和乡镇村庄美化，促进保持水土，改善生态环境。

四、甘菊产业

以优质罗马洋甘菊为主要种植品种，扩大种植面积，扩大现有加工企业规模，引进相关龙头企业，延伸产业加工链条，提升产业精深加工，创立新疆知名农业品牌，提高附加值。

（一）建立洋甘菊种植基地

逐步扩大种植规模，加快优质基地建设步伐，将优质基地建设目标分解到乡镇、村组，鼓励企业和农民相对集中土地使用权，合理流转土地，实现规模化种植，进一步完善"龙头企业＋经合作组织＋农民"经营模式，着力推广以订单生产、二次返利、农民入股等为主要内容的利益共享、风险共担机制。通过做好营销渠道体系规划、强化社会渠道精细化管理、提升营销渠道服务能力、优化营业人员薪酬管理办法、实施片区网格化营销来拓展罗马洋甘菊和德国洋甘菊的营销渠道。在开展渠道促销的同时，还要配合投放媒体广告、进行宣传活动，使产品能顺畅地流通到终端。此外，拓宽产品适用范围，以拉动消费者的需求到2022年，在芦草沟镇、清水河镇、三道河子乡、三宫回族乡、惠远镇等五个乡镇建设相连的2万亩罗马洋甘菊种植优质基地，培育8~10个专业种植合作社。

（二） 加快推进洋甘菊精深加工

对现有加工企业进行技术改造，达到加工 2 万亩洋甘菊的能力。引进深加工生产线，延伸洋甘菊产业链条。力争洋甘菊精油、茶叶、面膜、乳液等产品生产达到一定规模。加大招商引资力度，鼓励大型加工企业参与罗马洋甘菊工业产品的开发和生产。支持优势龙头企业以产品开发为目的的跨区域基地建设，增强龙头企业辐射带动作用。到 2022 年，培育形成 1 家罗马洋甘菊龙头加工企业。

（三） 建成洋甘菊休闲旅游度假村

依托种植基地，以洋甘菊花为核心、在三宫乡建设 100 亩的集高新种植、科普教育、旅游休闲、康养、生产开发为一体的休闲旅游目的地，以健康、观赏、展览、游玩、体验为主线，根据不同人群需求（如儿童体验认知、老年人体验生活美好，追忆往昔、得病患者恢复等）设计针对性的活动项目，以此增强霍城县休闲康养度假吸引力，提升新形象，突出霍城县"长寿"色彩。

五、其他香料产业

围绕"芳香霍城"，试种香料作物新品种，试验推广香料作物新技术。储备发展薰衣草、薄荷、玫瑰、甘菊以外的其他香料品种，机动灵活应对市场变化，调整香料作物种植品种和市场对接，降低风险，稳固综合收益。规划种植香紫苏或其他相近市场收益香料 3000 亩。

第五节　香料产业支撑体系建设

一、繁育选育体系建设

加快对国内外及周边地区香料资源的深度挖掘，完成对特色天然香料资源的开发利用研究，选育一批适宜商业化应用的品种。加快现有品种的改良和品种创新，形成一批符合国际国内市场需求、适宜大面积推广种植的香料作物良种和配套的栽培技术规范，积极推广有机种植。引进国际香料作物品种，加快种植环节的国际化。力争到 2022 年，在清水河镇建立 2000 亩的新疆香料良种繁育选育中心，加快香料新品种的引进、选择、繁育和优质苗木的推广。

二、流通体系建设

（一）建立香料产品专业市场

建立良好的香料市场运行机制，完善市场功能，积极培育市场主体，扩大市场规模。在香料重点发展区、主要集散地和市场发育较完善的地方，建立制品专业市场，加速原材料、产品和制品销售、展示和交易的市场流通量，通过专业市场优化资源配置，促进产品和各种要素自由流动和竞争。

（二）建设现代市场交易体系

改变传统经营模式，建立营销组织和网络连锁店，集代理、配送、连锁经营于一体，建立香料现代化的市场交易体系。借助营销组织和网络平台，在国内外建立营销网络、连锁经营加盟商和销售及产品配送中心，强化产品营销力度和强度。

（三）建设专业经济合作组织

充分调动香料各环节生产经营者的积极性，增强市场活力，鼓励按照市场需求发展建设专业经济合作组织、行业协会和专业性中介组织，加强指导、监督和管理，发挥专业合作组织在香料发展、技术进步、标准制定、贸易促进、行业准入和公共服务等方面的桥梁纽带作用，引导企业落实产业政策，加强行业自律，促进香料发展。

三、监测监管体系建设

（一）完善产品质量监督体系

建立健全产品质量监督体系，加强产品质量安全管理、监测、监督机制、检验检测服务体系和产品质量检验机构建设。推进产品数量计量评价体系建设，确保产品计量评价准确。高度重视安全问题，加强对涉及人类身体健康和生命安全的产品的质量检测和安全评估，完善香料种植、生产加工、产品质量管理等企业标准、地方标准和行业标准的制定、更新和监控；加快发展无公害、绿色、有机、健康产品认证，加强质量监督检验。

（二）规范香料产品经营主体

建立和完善原料生产、产品经营加工许可证制度，严把市场准入关，严格限制对资源消耗高、产品质量不达标、环境污染严重的产品加工企业进入市场。维护市场公平竞争秩序，规范产品经营主体，严厉打击各类侵权行为，切实保护消费者合法权益。建立产品质量可追溯体系，推广香料作物有机种植模式，发展特色品种种植和产品开发，打造能在国内外立足的自主品牌，推动产品上水平上档次。

四、信息服务体系建设

建设完善香料信息化服务体系，推进互联网和香精香料产业深度融合。深入开展"互联网＋香料"，推动物联网在产品质量安全追溯等领域的示范应用。加强综合信息服务能力建设，着力推进农业大数据应用。

（一）提高数据资源和信息化管理应用水平

全面整合香精香料数据资源，制定香精香料农村信息资源整合技术标准规范，建立香精香料基础数据库通用技术框架。构建覆盖香精香料全流程的数据采集、汇集模式。强化香料产业信息化管理，以全面准确的香精香料大数据和完善的信息化系统为支撑，建设一套香精香料产业管理系统，应用信息管理技术，降低管理成本，提升应急响应能力，提高管理效率。

（二）提升香料生产智能化水平

推广应用香精香料生产信息技术，将物联网、云计算、大数据、智能化等新信息技术应用于香精香料生产。示范推广应用香精香料农作物生产智能化系统，全面提升香精香料生产智能化水平。构建产业信息服务平台。依托现有政府网站、企业网站，推进香料产业信息服务平台建设，增强香精香料产业信息服务能力。通过网络互动、移动平台互动等交流手段，建立信息发布机制。

五、农技推广体系建设

加快香精香料优质高产新品种推广力度，重点推广适合规模化生产的新技术，加强作物种植质量提升、作物病虫害专业化统防统治、智能物联网技术和抗灾减灾关键技术的集成应用。大规模开展高产创建，大力推动精准作业、智能控制、远程诊断、遥感监测、灾害预警、地理信息服务及物联网等现代信息技术在香精香料产业中的应用。

（一）强化培养专业人才队伍

加强技术推广队伍建设和香精香料产业人才培养。健全技术推广经费保障和激励机制，不断增强技术推广和服务能力。完善香精香料首席专家制度，着力培养锻炼一批能解决实际生产问题的青年专家。建立人才"能上能下、能进能出"的流动激励机制，打造稳定的科技成果转化队伍，不断提高服务水平和能力。强化香精香料人才培养，加快培养一批管理、科研、推广优秀人才，建成一支现代香精香料产业人才骨干队伍。

（二）推广应用综合集成技术

加强田间智能节水、全程机械化等技术的普及应用和指导服务，强化农艺与农机融合发展。进一步扩大卫星定位导航技术应用范围。依托物联网技术，建立完善苗情监测系统、墒情监测系统、病虫害监测系统。

（三）开展绿色增产模式攻关

选育高产优质、多抗广适、熟期适宜、宜于机械化栽培的新品种，集成配套相应栽培技术，充分发挥良种增产潜力。推广高效低毒低残留、环境友好型农药和优质商品有机肥等新型肥料，减少化肥、农药施用量，提高投入品安全性。通过生产全过程监测系统指导平衡施肥、精准施药等，实现智能化、精准化、有机农业生产过程管理。

（四）加快科技成果转化应用

开展与区内外科研院所之间的合作，解决科技成果转化"最后一公里"的难题。加强与周边国家农业科研单位、农业科研院所、高技术企业的交流与合作，扩大农业技术合作交流的范围和平台。整合县（市）香精香料产业科技资源，突出区域优势特色品种，建立集香精香料研发与推广、体验与科普等功能于一体科技成果转化平台，成立以伊犁河谷香料产业为核心的新疆香料精深加工工程技术研究中心，建设研发中试生产线，承担香料产品研发、小批量生产、技术培训、设备验证等服务，实现香料产品和技术从研发到量产的无缝衔接，快速响应市场，推进科技成果转化。创新服务方式，围绕新型香精香料经营主体生产发展需要，试点开展技术有偿服务，提升服务效果，提高香精香料主导品种和主推技术入户率和到位率。

第六节　香料产业发展的对策建议

香料产业的发展需要构建完善的芳香产业发展体系，从财政、金融、市场、经营主体等多方位入手，依托龙头企业带动整个产业的发展壮大。

一、加大各项政策支持力度

一是设立县芳香产业发展专项资金。对符合规划要求的芳香产业基地建设、技改项目，以及相关的新产品研发等给予奖励和支持，引导支持薰衣草研究院建设，加大科技研发投入支持力度。二是加强产业政策支持，制定并细化全县芳香产业发展指导目录。明确各环节、各乡镇发展重点及支持方向。研究制定支持芳香产业关键领域和薄弱环节发展的扶持政策。引导芳香产业企业加强自主创新能力，支持企业品牌打造形象，在国际国内形成更强的影响力。三是建立土地承包经营权流转风险防范机制，完善土地规模流转的奖补制度。鼓励农户通过专业合作社发展规模化芳香作物。完善对土地流转农户的社会保障，强化农户流转土地的意愿，促进农村土地流转，解决农民后顾之忧，切实让农民通过芳香产业的发展得到实惠。四是加大对芳香产业科技创新与推广的支持力度。县农林科技推广、种业机构要加大新品种、新技术的引进力度，丰富主栽品种，贮备搭配品种，实现"引进一批，示范一批，实验一批"的新品种引进工程，提高优良品种对芳香产业发展的贡献。不断实施芳香作物良种的提纯复壮工程。

二、拓宽多元化的资金渠道

一是加强信贷支持，建立商业银行与芳香产业企业经常性的协商联系机制。创新贷款抵押等方式，简化手续，提升效率，对优质企业实行利率优惠。鼓励商业性金融机构建立完善适合芳香产业运行特点的信贷管理方式，扩大信贷投放规模。二是创新信贷业务，考虑提高农业信贷担保机构对新型经营主体的农业信贷担保余额比例。在业务范围上，要对新型经营主体芳香产业的信贷提供担保服务，包括基础设施、扩大和改进生产、引进新技术、市场开拓与品牌建设、土地长期租赁、流动资金等方面，并向相关的二三产业延伸，促进农村一二三产业融合发展。三是创新财政资金使用方式。运用股权投资、产业基金等市场化融资手段支持芳香产业发展，发挥一二三产业财政资金投向的"叠加效应"，同时引导各类社会资金投向芳香产业。

三、优化完善市场体系建设

一是推进芳香中心建设。把现代市场体系建设摆在事关芳香产业发展全局的战略位置，加快形成与产业发展和城市建设相适应的现代市场体系，把霍城县打造成中国西部重要的芳香系列商品和要素集疏中心。二是发挥口岸区位优势。充分发挥毗邻霍尔果斯经济特区的地缘优势，主动融入丝绸之路核心区建设，接轨世界市场，把握对口援疆机遇，寻求利用国际国内两种资源、两个市场，加快芳香产业发展。三是加强芳香产业市场监管。放宽芳香产业市场准入，进一步简政放权，激发市场活力。调动市场主体积极性，市场监管综合执法，促进市场有序健康发展。四是加强社会信用体系建设。建立市场主体信用平台，运用信息公示、信息共享、信用约束和大数据手段，对芳香产业市场主体信用状况实行分类分级、动态管理，营造诚信自律的社会信用环境。

四、培植发挥龙头企业作用

一是择优引进招商龙头企业。深入研究国家产业政策和市场信息，确定招商重点，制订招商方案，包装招商项目，加大招商力度，积极策划引进一批科技含量高、带动能力强、财政贡献大、环境污染少的"真龙头"。二是发挥龙头企业执行者、推动者的作用。"以外促内"，培育本土芳香产业企业，建立芳香产业重点企业联系制度，及时动态把握市场变化。县域发展规划和企业发展目标相结合，理思路、定战略，让龙头企业通过市场的主动开拓或"市场倒逼"解决产业发展的不利因素，发挥龙头企业在市场中的执行和推动作用。三是创新"龙头企业＋"利益联结机制。引导企业优化运营模式，增强盈利能力。从龙头企业技术创新、品牌培育、拓展市场等方面，加大与当地合作社、家庭经营大户的衔接与融合，也可将产供销环节剥离整合，发挥龙头企业在利益联结和分配中的能动性作用。四是实施品牌战略。厘清县域城市品牌与芳香产业产品品牌的差异与联系，结合观光农业、打造花园式观光工厂、产品体验馆和博物馆，打造整体品牌。同时，完善霍城香料产品质量可追溯体系，提升客户对产品及品牌的信任度、忠诚度，以及企业乃至地区知名度和美誉度，扩大品牌的区域影响力，促进龙头企业和香料产业的发展和提升。

创新发展篇

第九章
创新科技驱动

　　新疆经济在发展方式、产业结构、科技水平和增长动力方面已发生重大变化，创新已成为引领发展的第一动力。由于当前新疆经济发展在创新基础、创新平台、创新金融、创新服务等方面与国内先进地区还有不少差距，还存在一些约束因素，创新能力难以满足经济转型升级的需要。因此，要加快完善激励机制，优化创新体系，健全促进要素高效配置的新体制，营造有利于创新发展的制度和政策环境。

第一节 当前新疆创新发展的总体状况

经过多年追赶，新疆的科技创新的成就是全方位的，创新进入相对活跃期，创新能力处于由量变向质变的进程中。

一、科技创新发展环境进一步优化

近些年，全区出台了大量支持科技进步和创新发展的政策，覆盖创新链各环节的综合政策体系以及制度框架已基本形成，政策工具也从财税支持为主逐步转向更多依靠体制机制改革、普惠性政策和发挥市场机制的作用。在政策体系建设方面，先后出台了《关于激发科研机构和科研人员创新活力促进科技成果转化的若干政策》《关于推进丝绸之路经济带创新驱动发展试验区建设若干政策意见》《关于实行以增加知识价值为导向分配政策的实施意见》等一系列政策措施。在科技金融改革方面，搭建了科技金融服务平台，设立了"新疆中科援疆创新创业私募基金""新疆科技成果转化引导基金""新疆创新试验区创新发展基金"。在科技计划管理和实施方面，启动了科技计划管理体系改革，将全区原有的18个类型科技计划按"五大板块"10个计划类型优化整合，形成了自治区财政科技计划体系"5+1"模式。

二、科技经费投入持续增加

科技投入逐年增加。2016年、2017年、2018年、2019年、2020年全区研发经费支出分别为56.63亿元、56.95亿元、64.3亿元、64.1亿元、61.6亿元①，分别占当年全区生产总值的比例为0.59%、0.52%、0.53%、0.47%、0.45%，"十三五"时期研发经费支出平均额比"十二五"时期末（2015年）的52亿元增长了5.3%。在基础研究方面，全区实施国家自然科

---

① 2020年受新冠肺炎疫情等因素影响，投入总额有所回落，与全国趋势保持基本一致。

学基金—新疆联合基金项目 200 余项，项目资金近 3 亿元，涉及农业、生物多样性与生物资源等领域；实施新疆自然科学基金资助项目共 2000 余项，项目总投入超 1 亿元；引入社会资金，形成包括政府拨款、企事业单位自筹在内的多元科技投入格局。

三、科技创新成果不断涌现

科技成果产出数量大幅增加。"十三五"期间，全区重大科技创新成果主要涵盖了新能源利用、棉花生产、番茄加工、煤层气开发等自治区优势和重点行业领域，科技实力和创新能力进一步增强，部分关键技术进入"领跑"行列。截至 2020 年末，全区级科技计划新立项项目 9239 个，实施自治区重大科技专项 37 个、自治区重点研发专项 183 个、自治区创新条件（人才、基地）专项 4897 个、自治区区域协同创新专项 638 个、自治区科技成果转化示范专项 3225 个①。截至 2020 年末，全区专利授权量首次突破万件，达 12763 件，同比增长 47.52%，其中发明专利 859 件，同比增长 0.35%；专利申请 19387 件，同比增长 31.25%；发明专利 3850 件，同比增长 8.63%。

四、科技强有力支撑产业加快升级

石油石化、煤炭煤化工、矿产资源开发、林果、设施农业、农产品深加工等优势产业的技术水平和竞争力大幅提升；通过开展新品种选育技术研究及应用，小麦、棉花自育品种种植面积占比均达 90% 以上，科技支撑作用进一步显现。2020 年，全区建成自治区级高新区 17 家，国家级高新区 2 家；全区高新区营业收入 6645.02 亿元，其中自治区级高新区营业收入 2170.26 亿元；园区工业总产值 1858.41 亿元，其中自治区级园区总产值 1229.61 亿元；高新技术产品产值 1787.27 亿元。同时，全区不断推进配套体制建设，建立健全区域创新体系，开展丝绸之路经济带创新驱动发展试验区建设和乌昌石国家自主创新示范区建设。抓住"双区"建设机遇，昌吉国家高新技术

---

① 资料来源：根据官方报道和统计数据计算所得。

产业开发区签订涉及医疗科技、机械电子等行业项目，包括一系列重点研发实验室和试验检测基地。石河子经济技术开发区布局工业互联网、5G、数据中心等新基建项目，高新技术产业得到新发展。

五、创新型科技人才队伍不断壮大

近年来，全区科技人才队伍培养力度不断加大。2020 年，全疆创新条件（人才、基地）专项近 4000 个，少数民族科技骨干数量比 2019 年增加 2 倍多。全区以天山青年计划、天山雪松计划为重点，通过"项目＋人才"的培养模式，遴选了一批高层次创新领军人才。2020 年，国家"百千万人才工程"中，新疆入选 3 人，享受国务院政府特殊津贴 54 人，全年招收博士后研究人员 109 人，新设博士后科研工作站 20 个；选拔推荐 400 名少数民族科技骨干进行特殊培养，其中南疆四地州 134 人。同时，积极引进"高精尖人才"，实施高端外国专家引进、"一带一路"创新人才交流外国专家、外国青年人才、引才引智示范基地、高等学校学科创新引智等计划项目。

六、科技援疆工作机制不断完善

科技援疆工作深入推进，建立援疆工作联系渠道，形成长效联动工作机制，全国科技援疆实现了 14 个地州市全覆盖，在科技创新、学科建设、人才培养等方面全方位进行帮扶指导。截至 2021 年 5 月，自治区区域协同创新专项（科技援疆计划）支持资金共 1.6 亿元，吸引高层次科技人才 1933 人，多个援疆省市高等院校、科研院所在新疆设立分支机构，并联合建设研究中心。援疆省市累计在新疆投入 2728 万元开展技术人才、管理人才和高技能人才交流培训等 11213 次，3 万余人参加了培训。

第二节　制约新疆创新发展的突出问题

尽管新疆的创新发展已获得了相当大的成就，但创新发展还存在不少薄弱环节和突出问题。

一、人才结构"两头短缺"

一方面，科技领军人才、创新型企业家等高端人才不多。目前全区两院院士、国家有突出贡献的中青年专家、天山英才工程第一层次人选、自治区科技进步奖特等奖、一等奖完成人等各类高层次创新型科技人才规模与多数省份相比较少。另一方面，专业化职业教育和培训体系发展滞后，技能型人才缺乏。职业教育投入不够、师资短缺、效益不高。一些职业院校对产业发展、市场人才需求研究不够，职业培训针对性不强、脱离实际、质量不高。此外，现有就业政策、职业资格和薪酬制度不利于系统培养技能工人，开展学徒制、推进"双证书"制度均面临体制机制障碍。

二、研发经费投入偏低

2020年，全区研发经费支出61.60亿元，全国排名第27位[①]；全区研发经费投入强度为0.45%，不及全国平均水平（2.4%）的1/5，全国排名第30位[②]。全区财政科技投入占财政支出的比重也仅为1%左右。全社会研究与试验发展经费支出占生产总值的比重超过2%，全区财政科技投入占财政支出的比重提高到2.5%以上的目标还有很大差距。作为前沿技术源头的基础研究欠账较多。"十三五"期间，全区的研发经费按活动类型分，基础研究、应用研究、试验发展所占的比例分别为11%、14%和75%，研发活动依旧主要投向短期、应用技术研发，对具有长远影响的基础研究投入较少，试验发展为主，基础研究的比例偏低，科技经费原始创新能力薄弱。

三、科技成果成熟转化不充分

近年来，全区科技成果大量涌现，但先进、成熟、适用的科技成果仍然缺乏。据统计，全区获科技进步奖的成果主要集中在农业、医药卫生、石油化工、机械工程等传统领域，且转化率低。在成果转化的激励机制上，科技

[①②]　排名不包含港澳台地区。

成果"三权"（使用权、处置权和收益权）下放还缺乏完善的配套措施和操作细则，很多成果拥有者的转化积极性不高。此外，科技中介机构的服务跟不上，缺乏一支既懂专业技术，又懂市场，且懂知识产权和科技政策的复合型技术经纪人队伍。

四、创新型企业比较匮乏

全区高新技术企业虽然总体上得到了一定的发展，但相对于全国和其他省区市发展水平，差距依然较大。截至 2020 年末，全区高新技术企业数量达到 791 家，高新技术企业数量占全国的比重由 2008 年的 1.05% 下降到 2020 年的 0.29%。2020 年末，有效高企数量居全国倒数第 5 位，仅高于海南、宁夏、青海、西藏，远低于 GDP 与新疆排名左右相邻的贵州和甘肃。截至 2020 年末，西北五省区中，新疆高新技术企业数量 792 家，低于陕西（3799 家）、甘肃（1229 家），排名第三位①。在《中国企业创新能力百千万排行榜》中，全区仅有 1 家企业上榜前 1000 强名单（前 100 强 0 家），与青海（1 家）持平，低于陕西（25 家）和甘肃（2 家）②。

五、全球创新资源的有效利用能力仍需提高

部分现行政策不利于创新要素跨境流动，影响了企业利用全球创新资源和开展高水平开放创新。例如，2017 年 3 月公安部批准了在 10 个自贸区及创新改革试验区，试点实施一系列有利于外籍人才出入境、在华长期居留以及就业创业的便利政策；但全区现行政策实施效果尚待观察。除了提供进出往来、创业就业便利外，外籍人才享受国内同等公共服务的政策也需要各部门加强对接落实。资本项目的外汇管制不仅影响利用境外风险投资的效率，也给本土企业收购海外技术造成一定困难等。

---

① 资料来源：根据公开报道数据整理所得。
② 资料来源：中国人民大学企业创新课题组发布的《中国企业创新能力百千万排行榜（2020）研究报告》。

第三节 新疆实施科技创新驱动
高质量发展的对策

在经济转向高质量发展阶段的大背景下，科技创新要面向科技前沿、面向经济主战场、面向自治区重大需求，加快基础性、引领性、标志性科学技术研发和重点领域关键技术突破，着力破解制约全区产业转型发展的技术瓶颈，提高科技供给能力和质量，推动产业链再造和价值链提升，为建设现代产业体系贡献科技力量。

一、围绕产业需求，推动创新供给侧结构调整

一是优化创新发展布局。加快推动丝绸之路经济带创新驱动发展试验区、乌昌石国家自主创新示范区建设，推动乌鲁木齐国家经济技术开发区、甘泉堡经济技术开发区、昌吉国家农业高新技术产业示范、克拉玛依高新区、哈密高新区加快发展。大力提高产业关键技术和集成技术创新能力，重点发展新一代信息技术、高端装备制造、生物医药、新材料、新能源、节能环保、新能源汽车、数字创意等战略性新兴产业。培育发展安防产业、智慧农业、智慧旅游及现代服务业，推进现代科技服务业集聚区建设。鼓励园区跨区域协同创新，组建跨园区、跨行业联合的产业集群创新联盟，形成一批产业链完备、技术水平领先的千亿级或百亿级规模产业集群，建成一批创新能力强、创业环境好、特色突出、集聚发展的战略性新兴产业示范基地。

二是提升创新发展水平。提升支撑平台服务能力，推动形成线上线下结合、产学研用协同、大中小企业融合的创新创业格局。重点发展新一代信息技术、高端装备制造、生物医药、新材料、新能源、节能环保、新能源汽车、数字创意等战略性新兴产业。培育发展安防产业、智慧农业、智慧旅游及现代服务业，推进现代科技服务业集聚区建设。围绕煤炭、石油、矿产、农副产品、光热等优势资源，加快建立一批面向市场需求的产业技术新型研发机构。强化科技援疆力度，补齐全区科技创新短板。

三是高标准高质量建设乌昌石国家自主创新示范区。依托乌鲁木齐高新

区、昌吉高新区、石河子高新区，推动乌昌石国家自主创新示范区全面提质增效，辐射带动乌鲁木齐国家经济技术开发区、昌吉国家农业高新技术产业示范区、克拉玛依高新区、哈密高新区的创新发展。加快特色优势产业创新升级，在安防信息、智能制造、生物医药、新材料、先进装备制造、节能环保、航空、大数据信息、智慧农业领域形成一批产业链完备、技术水平领先的千亿级或百亿级规模产业集群，创建跨园区多行业联合的产业集群联盟。培育一批引领产业转型升级且具有显著竞争力的创新型领军企业。鼓励有条件的企业承担重点实验室、工程研究中心、企业技术中心和技术创新中心、博士后科研工作站、制造业创新中心等重大创新平台的建设。支持乌昌石国家自主创新示范区承担国家"一带一路"科技创新行动以及丝绸之路经济带核心区文化科教中心（科教中心）建设。将乌昌石国家自主创新示范区建设成科技体制改革和创新政策试验区、创新创业生态优化示范区、科技成果转化示范区、新兴产业集聚示范区、转型升级引领区和科技创新国际合作先导区。

二、夯实科技创新基础，持续增强自主创新能力

加强基础研究，增强原始创新能力。充分发挥自然科学基金支持源头创新的重要作用，瞄准全区重点领域、重点产业发展中的关键科学问题和未来产业发展变革性技术，强化基础研究和应用基础研究。重点在地质矿产、生态保护、材料学、射电天文学、网络信息安全、生物多样性、农业科学等领域部署具有战略性、前瞻性和带动性的基础研究工作，取得一批重大原始创新成果。

一是加快推进创新平台与基地建设。围绕全区优势产业，加快建设一批以前沿技术研发、共性技术突破为核心功能的创新研发平台。在健康医疗、生物资源利用、农业、环境污染防治、材料科学等领域新建若干个国家级和自治区级重点实验室、工程技术研究中心。在新能源、新材料、生物医药、化工等特色领域筹备建立若干科技创新基地。重点围绕全区丰富的煤炭资源、石油、矿产资源、农副产品、光热资源等优势资源的创新转化，加快成立一批面向市场需求的产业技术研究院等新型研发机构。建设一批国家（自治区）创业孵化示范基地、小微企业创业创新示范基地。搭建大中小企业融通发展平台，积极开展制造业"双创"示范平台建设。推进工业互联网平台建

设。推动工业互联网创新中心、工程技术研究中心、重点实验室等创新平台建设。完善"互联网＋"创新创业服务体系，支持众创空间、科技企业孵化器建设"互联网＋"创新创业平台。推动新型研发机构通过人才技术引进、合作研发、委托研发、并购等方式整合创新资源。鼓励大型科研设施设备向全社会开展共享服务。

二是做优做强一批创新引领型企业。实施创新龙头企业提升引领工程。重点支持创新龙头企业牵头承担国家科研任务和自治区重大科技专项，建设国家重点实验室、技术创新中心、制造业创新中心、工程研究中心、工业设计中心和国家国际联合研究中心等高层次平台。实施高新技术企业倍增工程。实施"小升高"培育行动，加速高新技术后备企业升级为高新技术企业。积极培育科技"小巨人"企业、"瞪羚"企业和"独角兽"企业。鼓励骨干龙头企业、科研院所、新型研发机构建设专业化众创空间。

三是加快发展一批创新引领型机构。鼓励创新龙头企业联合高校、科研机构及上下游配套企业，申报组建产业技术创新战略联盟和具有独立法人资格的新型研发机构。支持中科院及其所属专业所、央企所属研究机构、"双一流"高校等大院名校、重点机构在新疆设立分支机构或共建新型研发机构。吸引和支持中央直属企业、世界 500 强企业在新疆设立研发分中心。支持国内外高层次创新科研团队和领军人才在新疆创办新型研发机构。支持建设一批行业新型研发机构。鼓励引导产业技术创新战略联盟法人化经营。

四是大力实施一批创新引领型项目。围绕重点产业、聚焦重点企业、瞄准前沿引领技术，实施创新引领专项、创新示范专项、创新应用专项。重点在太空领域、高端装备制造、智能制造、功能性新材料、新一代信息技术、工业互联网、生物技术与创新药物、高端医疗器械、生态环境治理与资源综合利用、现代食品、现代农业等领域部署安排一批重大科技专项，以优势领域的局部突破带动产业整体提升。

三、完善体制机制，优化创新制度环境

一是推动体制机制创新。推动科技领域"放管服"改革。深化科技评价改革，进一步优化项目评审管理机制，改进科技人才评价方式，完善科研机构评估制度。开展"扩大高校和科研院所（含公益一类）自主权、赋予创新

领军人才更大人财物支配权、技术路线决策权"试点工作。完善自治区科研设施和仪器共享服务平台功能。深化科技计划和资金管理改革。积极探索市场经济条件下产学研合作的投入和利益分配机制。完善科技成果评价机制。探索建立有利于科技成果转移转化的服务体系和内生机制,推动高水平科技成果在新疆落地转化。提高科技成果转化收益分配比例,探索开展职务发明科技成果权属混合所有制改革。稳步推进科技奖励改革。

二是优化创新制度环境。深化科研院所分类改革和高等学校科研体制机制改革。鼓励公益类科研院所加入产业技术创新联盟,推进产学研联合共建产业技术研究院。支持高校调整、优化学科专业设置,建设一批适应全区发展需求、具有新疆特色的优势学科和专业。鼓励和支持企业与科研院所、高等学校联合组建技术研发平台、科技成果转化实体,加快建设一批协同创新中心。积极探索市场经济条件下产学研合作的投入和利益分配机制。建立多层次资本市场支持创新机制,构建多元化融资渠道。引导金融资金和民间资本进入创新领域。落实普惠性财税支持创新政策。引导和鼓励各类社会资本设立天使投资、科技风险投资、创业投资等股权投资基金。引导和鼓励金融机构对重大科技项目给予优惠的信贷支持。支持银行加大对科技园区建设和科技型企业的融资支持。鼓励保险公司设立中小企业贷款保险机构和信用保险机构。探索银行业与创投机构之间多渠道融资和综合性金融服务模式。

四、强化创新开放合作,着力引进高水平创新资源

一是加快推进科技研发平台建设。支持中亚国家知名高科技企业、高校院所在新疆建立独立研发机构或设立分支机构,允许新型研发机构向孵化企业进行股权投资,并建立相应容错机制。鼓励有条件的研究机构、科技园区和企业"走出去",在丝绸之路经济带沿线国家通过自建、并购、合作共建等方式建立研发机构,积极建设农产品加工、油气开发、煤化工、农牧机械、输变电装备、光伏发电、智慧旅游、跨境电商等领域国际科技合作中心。布局产业技术中心、民族药创新药物研发基地、创新研发基地、国际创新合作园区。大力支持专业化服务机构建设。鼓励海内外大型知识产权服务机构、检验检测认证机构、科技咨询服务机构、科技智库,入驻新疆各类科技园区和特色产业集聚区。

　　二是提升数字化综合服务建设。支持专业科技服务机构利用大数据、云计算等技术，打造信息化综合服务新业态。建设"互联网＋国际科技信息云服务平台"，支持建设各类技术成果转化服务平台，引导各类国际技术转移机构和海外行业科技协会加入云服务平台。建设"新疆中西亚技术转移学院""中巴走廊技术转移创新中心"等。鼓励国内外知名技术转移机构在新疆设立分支机构，积极与中国技术交易所和国际技术转移中心等开展合作，培育一批具有国际化视野的技术转移机构。

第十章
市场体系建设

　　《中共中央 国务院关于加快建设全国统一大市场的意见》指出，要加快建设高效规范、公平竞争、充分开放的全国统一大市场，全面推动我国市场由大到强转变。该意见部署了六个方面的主要任务，分别是：强化市场基础制度规则统一，推进市场设施高标准联通，打造统一的要素和资源市场，推进商品和服务市场高水平统一，推进市场监管公平统一，进一步规范不当市场竞争和市场干预行为。全国统一大市场建设将使产品质量标准全国统一，并与国际接轨，深化质量认证国际合作互认，实施产品伤害监测和预防干预，完善质量统计监测体系。面对发展新机遇和新挑战，新疆需要加快完善自身市场体系建设，为经济社会高质量发展助力。

第一节 加快完善各项产权制度

一、完善国有产权制度体系

落实全民所有自然资源资产所有权,明确自然资源所有权、使用权等产权归属关系和权责,适度扩大使用权的出让、转让、出租、担保、入股等权能。建立统一行使全民所有自然资源资产所有权人职责的体制、机制,授权有关部门或机构代表全民对各类全民所有自然资源资产的数量、范围、用途实行所有权意义上的统一监管,有效约束生产者开发自然资源的行为,强化其保护自然资源的法律责任。建立健全自然资源资产有偿使用制度和市场化交易机制,充分利用市场手段,通过合理定价反映自然资源的真实成本,通过许可证交易等市场手段将产权明晰的自然资源资产放权市场,实现产权在市场中的高效配置和使用。

完善经营性国有资产管理体制,推进经营性国有资产集中统一监管。健全国有企业履行出资人的职责,形成所有者权、责、利统一,人、财、事管理规范的国有资产监督管理体制。改革国有资本授权经营体制,分离国有企业所有权、使用权、经营权,理顺所有者、代理人、经营者的权责关系。通过国有资本投资运营,实现国有产权的自由流动和优化配置,推动国有企业优化战线布局,实现资本弱"虚"强"实"。健全国有资产监管体制,厘清治理边界,从管理全口径资产向管理出资人资本转变,从管理经营者向管理股权代表转变,从管理企业重大事项向部分委托董事会授权管理转变,改进监督服务方法,完善出资人财务监督体系。

理顺国有资本所有者、行使国有资本出资人职责的机构与混合所有制企业之间的关系,理顺国有产权和非国有产权之间的关系,通过深化改革强化国有企业的市场主体地位。完善国有企业法人治理结构,建立健全管理人员能上能下、员工能进能出、收入能增能减的动态管理机制。坚持决策层、经营层与监督层有效分离,形成有效制衡的决策、执行和监督体系。

二、健全非公经济产权平等保护制度

破除法律政策中的不合理限制，实现身份平等、机会均等和规则公平。完善投资者权益保护的法律环境，清理贷款审批、利率计算、贷款担保、土地使用、税收等方面不利于非公经济健康发展的差异性政策，统一衡量标准，给予不区分所有制的相同的政策待遇，保障各类所有制经济主体享有平等权益。拓宽民营企业家参政议政的渠道，提升民营企业家在法律政策制定和实施中的话语权。加快政府和社会信用体系建设，通过政府依法行政、诚信履职，引导民营企业家严格按照制度和规范诚信经营。将政务履约和守诺服务纳入政府绩效评价体系，建立政务失信记录，建立健全政府失信责任追究制度及责任倒查机制，加大对政务失信行为的惩戒力度。激发和保护企业家精神，在全社会形成尊重企业家、包容企业家、鼓励企业家创业的良好营商环境。

三、补齐农村集体产权制度短板

健全农村集体经济组织，赋予集体经济组织特别法人主体地位。完善和统一农村集体产权确权登记实施细则，厘清农村集体经济组织成员边界，对村集体成员科学合理确权。成员权确认的规则设置应尊重历史、兼顾现实、程序规范，还要兼顾国家、集体和农民群众利益的平衡，获得群众的广泛认可和支持。针对特殊情况区域，在尊重农民意愿的前提下，可尝试探索"确权、确股、不确地"的方式推进确权登记工作。加强确权登记培训和宣传，总结和推广各地确权登记典型做法与经验，建立有效的交流和反馈机制。

建立和完善组织登记制度、成员确认和管理制度、组织机构设置和运行制度、资产财务管理制度、法律责任制度、监管制度等农地产权流转相关制度，并构建制度间的有效衔接机制。以法律形式明确和规范"土地流转"的概念及规则，明晰"三权分置"中各项权利的名称和性质，明确经营权的属性和实现方式。强化"三权分置"制度与其他配套制度的衔接，探索农村土地承包经营权和宅基地使用权有偿转让、有偿调剂、有偿收回等方式，引导农村产权以多种形式规范有序流转、交易和退出。

四、强化知识产权保护

健全集聚创新人才的体制机制，建立完善以科研能力和创新成果为导向的人才评价体系，改革科技奖励制度。完善知识产权创新保护的法律制度，细化和完善知识产权创造、使用、交易、保护的制度规则，统一知识产权案件审理标准，探索建立知识产权侵权惩罚性赔偿制度。逐步建立支持创新的风险投资法律体系，推动创新和促进成果市场化转化。加快知识产权成果转化和应用市场机制建设，培育专业化的知识产权服务体系，聚合专业力量，为重点领域企业提供优质的知识产权服务。

完善适应新时代要求的知识产权保护规则，完善和细化企业知识产权保护制度。合理确定保全证据公证业务收费标准，探索新型知识产权保护模式。对于"看得准"的新生事物，要有针对性地定制知识产权保护模式；对于"一时看不准"的，可先实行包容式审慎监管，待成熟后及时完善知识产权保护方式；对于潜在风险大、社会风险高的领域，应严格知识产权保护和监管，消除风险隐患。

完善侵犯商业秘密犯罪的证据规则和标准及案件受理、立案、侦查、结案等执法标准。充分利用先进技术手段提升知识产权侵权的精准打击力度，运用大数据、云计算、物联网等信息技术，降低知识产权保护成本，提高知识产权保护效率。探索适应市场价值判断的知识产权损害赔偿核算依据，引入并实施惩罚性赔偿、法定赔偿上限、举证责任倒置等制度。缩短知识产权侵权审理周期，充分发挥知识产权保护行业机构等社会力量，探索知识产权纠纷多元解决机制，畅通知识产权侵权维权救济途径，突破知识产权侵权维权瓶颈。

五、严格执法和司法程序

政府依法行政，严格执法程序，积极发挥维护市场主体守信、守约的重要作用。在执法、司法和行政实践中，加强对平等市场主体之间产权纠纷的公平裁判。加强执法、司法人员的素质教育，提高执法、司法队伍的执业水平。严格规范政府机关在违法犯罪中调查的事项和程序，严格限制调查活动中随意进入民宅，随意查询、扣押、冻结、处理涉案财产的行为，在涉及扣押、没收公民财产的行政行为中增加司法审查制度。规范经济犯罪初查制度，对涉及民营企业的经济犯罪初查，应履行与正式刑事立案一样的报批程序后才能开展调查工作。探索设立产权争议调解中心和仲裁中心，建立专门的产权争议解决机制。

第二节　全面实施市场准入负面清单制度

一、全面落实"一张清单"管理模式

实施市场准入负面清单制度和外商投资准入前国民待遇加负面清单管理制度，严禁各地州县市、各部门自行发布具有市场准入性质的负面清单。健全市场准入负面清单动态调整机制。建立覆盖自治区、地州市、县（区）三级市场准入隐性壁垒台账，畅通市场主体对隐性壁垒的意见反馈渠道和处理回应机制。对属于市场准入负面清单的事项，可以区分不同情况探索实行承诺式准入等方式，进一步强化落实告知性备案、准入信息公示等配套措施。制定市场准入效能评估标准并开展综合评估。

二、深化商事制度改革

推动行业协会商会建立健全行业经营自律规范、自律公约和职业道德准则，建立健全与市场准入负面清单制度相适应的行业自律机制。建立健全与市场准入负面清单制度相适应的商事登记制度，提高负面清单之外准入事项的便利化程度。深化"多证合一""证照分离"，推行企业法人和其他组织统一社会信用代码制度。全面开放自治区企业名称库，建立完善企业名称网上查询比对系统，实现企业名称"自主选择、即查即得"，提高名称登记便利化。推行企业登记全程电子化，并行发放电子营业执照。健全完善普通注销登记制度与简易注销登记制度相互补充的市场主体退出制度。建立健全企业家参与政策制定机制、企业困难诉求反馈机制。

三、深化"放管服"改革

强化各级政府市场意识、法治意识、服务意识，持续深化"放管服"改革，继续简政放权、加快政府职能转变，全面实行政府权责清单制度，推行"最多跑一趟""最快送一次"改革，推行"马上办、网上办、掌上办、自助办、就近办"，推动更多政务服务事项"一件事一次办"，减少审批程序，提高办事效率。落实惠企政策，加强要素保障，精准优质服务，推动大中小各类企业一起激活、竞相发展，国企民企混合所有制企业和个体工商户协同并进、全面发力，推动各类市场主体发展壮大。

第三节　构建更加完善的要素
市场化配置体制机制

一、引导劳动力要素有序流动

一是深化户籍制度改革。落实全面取消城区常住人口 300 万以下城市落户限制相关要求，以农村学生和参军进入城镇的人口、在城镇就业居住 5 年以上和举家迁徙的农业转移人口以及新生代农民工 4 类群体为重点，优先解决进城时间长、就业能力强、能够适应城市产业转型升级和市场竞争环境的非户籍人口落户。优化户政业务网上办理工作流程，推行电子居住证和电子临时居住登记凭证及应用工作，保障居住证持有人权益，提升流动人口服务管理水平。建立城镇教育、就业创业、医疗卫生等基本公共服务与常住人口挂钩机制，推动公共资源按常住人口规模配置。

二是健全统一规范的人力资源市场体系。加强人力资源市场监管，规范市场活动，促进劳动力、人才合理流动。营造公平就业环境，依法纠正身份、性别等就业歧视，保障城乡劳动者享有平等就业权利。落实单位选人用人自主权，支持事业单位自主制定公开招聘计划，合理确定招聘岗位条件，自主开展公开招聘，引导企业、社会组织人员参加公开招聘。进一步畅通企业、社会组织人员进入党政机关、国有企事业单位渠道。加强就业援助，精准识别对象，制订援助计划，实施优先扶持和重点帮助。推广应用全国流动人员人事档案管理服务信息系统，建设区级档案基础信息资源库，逐步推进档案服务便民化。

三是完善技术技能评价制度。建立健全以职业资格评价、职业技能等级认定和专项职业能力考核等为主要内容的技能人才评价制度。完善职业技能培训政策，覆盖城乡全体劳动者，贯穿劳动者学习工作各阶段、成长成才全过程，发挥企业、职业院校、社会机构作用，大规模开展职业技能培训。深化技能人员职业资格制度改革，建立推行职业技能等级制度，开展职业技能等级认定。探索推动职业技能等级证书和学历证书互通衔接。鼓励行业、部门、企业广泛开展职工岗位练兵、技术比武和其他形式多样的职业技能竞赛活动。进一步畅通非公有制经济组织、社会组织、自由职业专业技术人员职称申报渠道，按照属地原则，由所在单位或人事代理机构等推荐，可在自治区相应评审组织评审职称。进一步推进社会化职称评审，依法依规、合理有序向人才密集企业、事业单位、科研院所下放职称评审权限。加强公共卫生队伍建设，改革人才评价机制，实施医疗卫生人才推动等工程，健全执业人员培养、准入、使用、待遇保障、考核评价和激励机制。

四是加大人才引进力度。统筹自治区和各地人才支持政策，引进一批能够突破关键核心技术、引领产业转型、带动学科发展的国内高层次人才。支持从丝绸之路沿线国家引进高层次急需紧缺人才，完善落实外国人来疆制度和政策，在职业资格认定和认可、子女教育、商业医疗保险以及在境内停留、居留等方面，为外籍高层次人才来疆创新创业提供便利。

二、推进土地要素市场化配置

一是建立健全城乡统一的建设用地市场。赋予农民更多财产权利，要求建立农村产权流转交易市场，推动农村产权流转交易公开、公正、规范运行。建立城乡统一的建设用地市场，推动国有与集体土地"同地、同权、同价"，打破地方政府土地垄断供应，完善土地价格体系。针对农村土地征收、集体经营性建设用地入市、宅基地制度改革"三块地"，明晰产权归属、破除二元价格、规范交易流转，使土地合理再配置。

二是深化产业用地市场化配置改革，积极推进土地价格市场化形成，完善土地价格体系。对于农地转用，秉持土地转让自愿、转让方式和土地补偿价格体现自由协商和"同地同权同价"原则。土地补偿费用按土地的市场价格确定，既要考虑土地的现有用途，也要考虑土地的区位特点，补偿费用既包含有绝对地租，也体现级差地租。对于城市用地，在城市土地分级的基础上，确定土地基准价格，建立科学的土地使用权价格评估制度，公平、公正地核定不同时期的土地市场价格。

三是建立建设用地"增存挂钩"机制。落实规划管控、用途管制要求，实行用地"增存挂钩"机制，充分运用市场机制盘活存量土地和低效用地。推进建设用地整理，开展工矿废弃地整理和低效用地再开发。稳妥推进城乡建设用地增减挂钩工作。深化农村宅基地制度改革试点，探索"三权分置"形式，为乡村振兴和城乡融合发展提供土地要素保障。研究完善促进盘活存量建设用地的税费制度，推进"以地控税、以税节地"，加强跟踪问效，确保政策落实。

四是完善土地管理体制。落实城乡土地统一调查、统一规划、统一整治、统一登记。加强国土空间规划在土地管理中的基础地位和引领作用，编制全区国土空间规划，强化自治区对城乡建设用地指标使用的管控，完成农村房地一体不动产登记，实施城乡建设用地供应三年滚动计划。严格土地利用计划指标管理，实施年度建设用地总量调控制度，以落地项目作为精准配置计划指标的依据。落实增存挂钩政策，明确各地处置批而未供和闲置土地具体任务、奖惩要求，推动土地开发利用更科学、更合理。依法依规完善建设用地、补充耕地指标跨区域交易机制。

三、推进资本要素市场化配置

一是加强多层次资本市场建设。落实国家股票市场基础制度，执行国家股票市场发行、交易、退市等制度，支持自治区重点企业股改上市。加强对上市后备企业的培育和扶持，鼓励和引导更多优质企业赴多层次资本市场融资。加强区域性股权市场建设，构建从区域性股权市场挂牌、融资、改制、培育孵化、私募发行转让到全国性市场公开发行、上市交易的资本市场服务体系。全面落实股权登记托管，大力发展股权融资。加强宣传教育，提升投资者自我保护能力。

二是扩大债券市场融资规模。落实好公司债发行注册制政策，鼓励各类企业发行公司债券。引导企业用好绿色债、扶贫债等债务融资新工具，丰富债券发行品种，扩大发行范围，深化债务市场服务功能。支持符合条件的新疆股权交易中心挂牌、展示企业发行可转债。鼓励自治区企业到境外发债，拓宽融资渠道。严格落实公司债务发行人信息披露标准，及时处置违规行为，提高公司债券信息披露水平。

三是增加有效金融服务供给。构建多层次、广覆盖、有差异、大中小合理分工的银行机构体系，优化金融资源配置。推动信用信息深度开发利用，加强对小微企业和民营企业金融服务供给。建立县域银行业金融机构服务"三农"的激励约束机制。探索绿色信贷产品，加大绿色金融创新试验区试点工作力度。发挥主办券商作用，加快创新层、精选层公司储备。督促证券经营机构严格落实投资者适当性制度，做好投资者开户和项目储备工作。

四是扩大金融业对外开放。加快丝绸之路经济带核心区金融中心建设。服务实体经济，聚焦重点领域、重点行业、重点企业，稳步推进人民币跨境使用。逐步推进证券、基金行业对内对外双向开放，有序推进期货市场对外开放。支持符合准入条件的外资金融机构在疆设立机构，推进境内金融机构参与国际金融市场交易。

四、加快发展技术要素市场

一是健全职务科技成果产权制度。深化科技成果使用权、处置权和收益权改革，开展所有权和长期使用权试点，制定赋予科技人员职务科技成果所有权和长期使用权办法，全面下放使用权、处置权和收益权审批权限。加大科技成果转化股权期权激励力度，放宽科技成果作价入股相关限制，对符合条件的股权收入落实国家相关税收优惠政策。对政府扶持资金以股权投资方式转化科技成果的，积极探索约定期满合法转让方式。强化知识产权保护和运用，支持重大技术装备、重点新材料等领域的自主知识产权市场化运营。

二是完善科技创新资源配置方式。坚持目标引领，强化成果导向，改革科研项目立项和组织实施方式，建立健全后补助、股权投资等多样化支持机制。发挥专业机构作用，采取政府购买服务等形式完善项目管理。建立完善科技监督与科研诚信建设体系。加强科技成果转化中试基地建设，布局和建设以企业为主体的若干开放式中试平台。在企业建设一批自治区重点实验室、工程研究中心、技术创新中心，支持有条件的企业承担国家和自治区重大科技项目，开展首台（套）、首批次产品创新，提高企业研发能力。依托科技成果交易平台等，建立科技成果常态化路演。完善科技创新咨询制度，支持科技创新咨询机构建设。

三是大力培育技术转移机构和技术经理人队伍。以现有工作为基础，集聚一批高端化、专业化、市场化的技术转移服务机构。鼓励企业与高校、科研机构合作建立技术研发中心、产业研究院、中试基地等各类新型研发机构。积极推进科研院所分类改革，加快应用技术类科研院所向市场化、企业化方向发展。支持高校、科研机构和科技企业设立技术转移部门，鼓励建设各类科技孵化器。加大技术经理人等人才培育政策支持和服务保障力度，加快培育一批社会化、市场化、专业化的技术转移专家团队。

四是促进技术要素与资本要素融合发展。完善科技成果转化引导基金等各类科技创投基金运行机制。探索开展知识产权证券化，推动科技成果资本化。探索建立科技保险、科技贷款风险补偿机制，鼓励商业银行采用知识产权质押、预期收益贷款等融资方式，为促进技术转移转化提供更多金融产品服务。建立市场化科研成果评价制度，修订完善技术合同认定规则、科技成果登记管理办法等，为科技成果资本化权属和价值认定创造条件。

五是开展国际国内科技创新合作。发挥丝绸之路经济带核心区作用，面向周边国家和"一带一路"沿线国家，以农业、能源、生态环境、医药健康、电子信息、防灾减灾等技术领域为重点，推进实施科技人文交流、联合实验室、技术转移等行动。组织实施一批国际国内科技创新合作重点项目，推进创新要素跨境流动。加大与内地省市开展共性技术攻关、成果转化等创新合作。持续推进丝绸之路创新驱动发展试验区、乌昌石国家自主创新示范区建设。完善国内离岸孵化器管理、奖补制度，适时启动国际离岸孵化器建设。加大技术贸易国际市场开拓力度，鼓励企业用好国内外技术贸易交易专业展会平台，促进技术多元化进口，扩大技术出口。

五、加快培育数据要素市场

一是推进政府数据开放共享。以自治区数据共享交换平台为依托，优化政务信息资源和经济治理基础数据共享目录，建立政府部门和公共机构数据资源清单和格式标准，推动政务数据、经济数据共享交换。制定一体化在线政务服务平台政务服务事项管理办法，政务服务实现"只进一张网""最多跑一次"。加快推进"多证合一、一照一码""一表申请、一门受理、一次审核、信息互认、多证同发、档案共享"企业登记模式；完善交通运输"一单制"便捷运输制度，依托信息服务共享平台，实现查询、监测、信息共享；完善气象数据资源开放机制，构建区域数据资源共享体系，促进气象与各行业数据深度融合。

二是提升社会数据资源价值。推动卫生健康、交通出行、文化教育、信用服务、普惠金融、城市服务、工农业、公共资源交易等重点领域数据开发利用，形成亚欧数据、算法和算力中心。多维度推动大数据开发利用新场景，做到"成熟一类数据，开发一朵云"，实现数据增值开发利用。发挥行业协会商会作用，推动各领域数据采集标准化。

三是加强数据资源整合和安全保护。制定自治区大数据开发应用办法、大数据产业发展规划等制度，明确开展数据确权、开放共享、自由流动、隐私安全和数据要素市场体系建设，培育壮大数字经济①。实施一批大数据应用与创新示范项目，促进大数据产业健康发展。制定数据安全等级、安全风险测评、网络数据安全使用管理、数据安全审查、数据隐私保护、大数据技术标准规范等制度，建立大数据安全重大风险识别处置机制，强化对大数据安全技术、设备和服务提供商的风险评估和安全管理，加强对政务数据、企业商业秘密和个人数据的保护。

六、加快要素价格市场化改革

一是进一步完善要素价格机制。坚持主要由市场决定价格原则，完善城乡基准地价、标定地价的制定与发布制度，逐步形成与市场价格挂钩动态调整机制。健全最低工资标准调整、工资集体协商和企业薪酬调查制度。深化国有企业工资决定机制改革，规范国有企业收入分配秩序。完善事业单位岗

---

① 焦勇．数字经济赋能制造业转型：从价值重塑到价值创造［J］．经济学家，2020（06）：87 -94.

位绩效工资制度，落实公立医院薪酬制度改革和事业单位高层次人才工资分配激励机制。健全生产要素由市场评价贡献，按贡献决定报酬机制。着重保护劳动所得，增加劳动者特别是一线劳动者劳动报酬，提高劳动报酬在初次分配中的比重。全面贯彻落实以增加知识价值为导向的收入分配政策，充分尊重科研、技术、管理人才，充分体现技术、知识、管理、数据等要素的价值。

二是强化要素价格管理和监督。修订自治区定价目录，减少政府定价项目，进一步扩大市场调节价比重。清理规范各种收费，重点规范涉企收费，动态调整政府定价收费目录清单，放开市场竞争比较充分的社会化有偿服务收费项目。完善市场价格管理系统，建立要素商品成本调查和公开机制，健全要素价格监测机制。加强要素领域价格反垄断工作，依法查处垄断协议、滥用市场支配地位、滥用行政权力排除限制竞争等垄断行为，维护要素市场价格秩序。

七、健全要素市场运行机制

一是健全要素市场化交易平台。拓展公共资源交易平台功能，适合以市场化方式配置的公共资源基本纳入统一的公共资源交易平台体系，实行目录管理，全流程电子化交易，公共资源交易实现全过程在线实施监管。依托现有技术产权交易服务机构，联合内地技术交易机构和交易系统，建立新疆科技成果交易平台。建立部门协同工作机制，完善技术成果转化公开交易与监管体系。引导培育大数据交易市场，依法合规开展数据交易。支持各类所有制企业参与要素交易平台建设，规范要素交易平台治理，健全要素交易信息披露制度。

二是完善要素交易规则和服务。落实土地、技术等要素市场交易管理制度。建设自治区市场监管大数据平台。建立健全数据产权交易和行业自律机制。推进电子招标投标及电子辅助评标等全流程电子化交易。鼓励知识产权证券化、实物资产证券化。深化国有企业和国有金融机构改革，完善法人治理结构，确保各类所有制企业平等获取要素。鼓励要素交易平台与各类金融机构、中介机构合作，形成涵盖产权界定、价格评估、流转交易、担保、保险等业务的综合服务体系。深化"放管服"改革，清理废除妨碍统一市场和公平竞争的各种规定和做法。

三是提升要素交易监管水平。加强反垄断和反不正当竞争执法，规范交易行为，健全投诉举报查处机制，防止发生损害国家安全及公共利益的行为。加强信用体系建设，制定加强失信市场主体重点监管实施意见、完善信用修复机制保护信息主体权益实施意见，完善失信行为认定、失信联合惩戒、信用修复等机制。开展企业劳动保障守法诚信等级评价，建立评价结果信用信息交换共享机制，对企业实行守信联合激励和失信联合惩戒。健全交易风险防范处置机制。

四是增强要素应急管理和配置能力。适应应急物资生产调配和应急管理需要，建立对相关生产要素的紧急调拨、采购等制度。开展要素应急相关技术研发与应用示范，大力运用大数据、人工智能、云计算等数字技术，提高在应急管理、疫情防控、资源调配、社会管理等方面的高效协同配置能力。

第四节　完善社会信用体系建设

一、完善社会信用法治体系

加强信用体系建设，推进分级分类监管、"双随机、一公开"监管和联合监管。重视社会规范和道德规范建设，发挥其在协调信任关系、约束信用行为、维护社会信用秩序等方面的积极作用。注重发挥社会团体、基层群众性自治组织等主体的作用，在居民公约、村规民约、行业规章、社会组织章程中加入信用自律内容或信用专项规范，在社会公德、职业道德等建设中加强诚信行为准则的宣传和普及，充分发挥道德规范在信用教育、评价、监督等方面的功能。可探索实施行业协会的行业诚信自律公约、村民自治组织的信用积分制度等，使信用法治体系"亲民""接地气"。

二、优化信用服务业营商环境

推动优化营商环境的相关政策措施在信用服务业落地，放宽市场准入，降低初创企业登记门槛，在法规制度的制定和实施中避免泛化"征信"。有条件的地方可依托产业园、特色小镇等建立信用服务机构孵化器；对技术服务、商务服务等领域的优质企业进入信用服务市场提供政策和辅导等方面的支持；为信用产品和服务的交换提供方便。巩固和拓展信用信息平台建设成果，充分利用"互联网＋大数据"的征信体系，对市场主体进行多维度信用评价。鼓励公共部门利用信用评价结果广泛开展跨部门的守信联合激励和失信联合惩戒合作，强化重点领域失信黑名单和禁入名单的互联互通，真正实现"一处失信、处处受限"。

三、多层次多领域打造信用价值实现场景

政府应加大力度在政务和公共服务领域打造信用价值的实现场景，加大相关投入。在办事服务、公共资源交易、政府奖励补贴和扶持政策投放、公共设施使用等方面构建场景，使信用好的主体可以更多地、更便捷地享受公共资源，在政府和市场力量的共同努力下已构建起一些信用价值实现场景。打造企业融资综合信用服务平台，帮助信用好的中小微企业获得信用贷款；构建亲民政务平台，为信用好的企业提供"零材料、零人工、秒到账"的政策兑付服务；促使信用好的用户不用支付押金即可租到共享单车、无人机等产品，避免占用较大额度的用户资金和押金无法正常退回的忧虑，在手头现金不足以支付押金的情况下，凭借信用也可便捷地享受到所需的产品或服务。创建专门的、以信用价值培育和实现为核心内容的新场景，创新建立"中小企业信用资产服务中心"等。

四、积极拓展公众参与市场治理的范围和渠道

切实尊重公众的参与权利，有效激发公众参与的积极性。建立和完善参与市场治理的奖励制度，切实激发和规范公众的参与行为。建立政府、企业、协会、媒体、司法等多元共治的消费维权和监督体系。大力发展能够真正代表消费者利益的新型专业性消费者组织，提高消费者的集体维权能力，推动企业主动披露社会责任信息。充分利用好经济层面的奖励、补贴等措施激发公众参与热情。政府可以与一些企业、社会组织合作，设立

与具体市场治理领域相关的活动奖项。同时，也应建立相关的约束制度，明确规定市场治理参与的基本程序与流程，规范公众参与市场治理的途径、手段和方式。

五、完善社会信用体系和激励惩戒机制

健全社会信用体系，完善企业信用信息公示系统，将市场主体信用记录纳入"信用中国"网站和全国统一的信用信息共享平台，作为各类市场主体从事生产、投资、流通、消费等经济活动的重要依据。要推动建立市场主体准入前信用承诺制，将信用承诺纳入市场主体信用记录。要健全守信激励和失信惩戒机制，对守信主体予以支持和激励，对失信主体在投融资、土地供应、招投标、财政性资金安排等方面依法依规予以限制，对严重违法失信者依法实行市场禁入。

第五节　建立公平竞争的市场环境

一、规范政府审批和监管行为

对限制准入事项中需要审批的，各级政府及其有关部门要根据审批权限，规范审批权责和标准，精简前置审批，实现审批流程优化、程序规范、公开透明、权责清晰。其中，涉及国家安全、安全生产等环节的前置性审批，要依法规范和加强，有效推动政府"定好位""防越位""不缺位"。按照简政放权、依法监管、公正透明、权责一致、社会共治原则，转变监管理念，创新监管方式，提升监管效能，优化对准入后市场行为的监管，确保市场准入负面清单以外的事项放得开、管得住。严格依法设定"红线"，加强事中、事后监管，实施涉企经营许可事项清单管理，对新产业新业态实行包容审慎监管。同时，企业从事生产经营活动过程中形成的信息，以及政府部门在履行职责过程中产生的能够反映企业状况的信息，要按照《企业信息公示暂行条例》等规定及时公示。

二、打击地方保护和不公平竞争

紧跟市场发展趋势，促进各类市场主体公平参与市场竞争，建立公平开放透明的市场规则。清理和取消阻碍商品自由流通的不合理政策和制度，促进各类商品能够充分自由流动。建立多部门参与的失信惩戒、守信激励机制，加快形成企业自主经营、公平竞争的市场大环境。进一步完善市场法律制度规范，加快推进法律建设、制度建设，形成良好的市场竞争秩序，集中力量抓好直接关系人民群众身体健康和生命安全的食品、药品等专项整治活动，加大对各类违法犯罪活动的打击力度，净化市场环境和社会环境，保障新疆现代市场体系的有序运行和健康发展。

三、破除地区封锁和行业垄断

收集整理地区封锁、行业垄断方面的新情况、新问题，研究完善现有的法规规章或制定新的实施办法，为有效消除地区封锁和行业垄断行为提供法制保障。在招标、采购、项目审批等方面，要明确竞争规则，增加程序透明度。完善要素市场发展，破除城乡、区域、体制、政策等多方面的限制和影响。建立健全审查制度，健全规范性文件的备案审查制度，建立地区封锁、行业垄断行政行为的审查撤销机制，明确受理、调查、听证、处理等程序，加强部门间信息共享。建立考核评价机制，消除地区封锁、打破行业垄断工作纳入政府绩效考核体系，科学设定考核指标，定期对工作情况开展评估。

第十一章
交通运输费用及运价

　　交通运输业作为社会经济发展的基石，其发展有利于带动国民经济各部门的发展。由于地理位置的原因，新疆交通运输业货运成本较高，影响企业及个体生产经营成本，降低了收入效益，货运价格需要进一步优化完善，推动新疆经济高质量发展。

第一节　新疆货物运输费用及运输
价格基本情况

一、公路运输行业基本情况

根据《新疆维吾尔自治区 2018 年国民经济和社会发展统计公报》，2018 年全区各种运输方式完成货运量为 9.76 亿吨（包括公路、铁路、民航），其中公路运输完成货运量为 8.5 亿吨，占比为 87.09%。公路货运市场也是最早实施自主经营、市场调节的道路运输领域，经营者进出自由，运价市场调节，政府不设定指导价格。道路货运行业相较于其他运输行业投资成本低廉，车辆和人员准入门槛低，进一步推动了道路货运市场经营主体多元化发展。目前，道路货运经营业户 50961 户，经营性道路货运车辆 194575 辆（不含 4.5 吨及以下货运车辆），总吨位为 274.55 万吨。从 2016 年至 2019 年 9 月，共完成经营性道路货运量 29.05 亿吨，周转量4989.47 亿吨公里。

随着经济社会的发展，道路货物运输生产方式和经营内容不断扩展，包括传统的整车运输、零担运输以及集装箱、大件笨重货物、危险品货物运输等不断发展和完善。道路货运市场的多元化和运力的快速发展使为车货双方提供配载、货运代理和网络货运等货运服务业应运而生，道路运输市场调控和管理体系已初步建立。目前，道路货运市场总体情况为运力供给大于运力需求。生产型企业为降低生产经营成本，利用自身货源掌控优势，主导货运市场价格。道路货运从业者也因货少车多而竞相压低货物承运价格，造成行业恶性竞争，利润空间降低，货运服务质量与市场需求不相适应。

二、铁路货物运输的基本情况

中国铁路乌鲁木齐局集团有限公司管辖营业线路 22 条，营业里程达6244.4 公里，拥有营业办理站 95 个、综合物流基地 37 个，辐射新疆全境 14个地州、92 个县（市），具备雄厚的仓储、装卸、配送硬件基础和完备的物流服务能力，承接零散普货、大宗物资、危化品、特种设备、集装箱等全品类物流业务。乌鲁木齐局集团公司 2016 年完成货物发送量 6901 万吨，货物周转量 795.1 亿吨公里，2017 年完成货物发送量 9737.4 万吨，货物周转量 979.71 亿吨公里，2018 年完成 12512.7 万吨，货物周转量 1123.05 亿吨公里。

全路国铁运费平均水平为 0.1551 元/吨公里，自 2018 年国家实施减税降费以来，为贯彻党中央关于减税降费的决策部署，进一步促进社会物流成本降低，铁路又随下调铁路运输服务增值税税率，同步下浮铁路货物运价。

三、民航货物运输业发展基本情况

新疆民航货物运输业发展总体保持平稳增长。2016～2018 年新疆民航货邮吞吐量分别为 18.2 万吨、18.7 万吨、19.2 万吨，同比分别增长 2.4%、2.9%、2.3%。2019 年 1～9 月全疆累计完成货邮吞吐量 15.7 万吨，同比增长 18.9%。

乌鲁木齐机场航空物流增长缓慢。乌鲁木齐机场货邮吞吐量在全疆占比达 80% 左右，占比较高。但货邮吞吐量近三年增长缓慢，2016～2018 年分别为 15.8 万吨、15.7 万吨、15.8 万吨，同比分别增长 0.7%、−0.5%、0.6%。2019 年，在全货机航线开通下，乌鲁木齐机场货物运输有所提升，1～9 月完成货邮吞吐量 12.65 万吨，同比增长 15.9%。中国南方航空（简称南航）在新疆航空货运市场的份额位居第一，2018 年乌鲁木齐枢纽中转量 9000 吨，其中国际货物中转量近 1000 吨。据南航内部测算，2018 年南航新疆货运亏损近 3000 万元，新疆始发至东部航线由于航程长、货物品质低，近 1/3 的航线处于亏损状态。

第二节　货运费用及运价的收费标准和依据

一、公路货运费用及运价的收费标准和依据

货运成本主要包括燃料消耗、人工工资、轮胎、车辆折旧、车辆保险、修理材料、过路过桥费等方面的支出。以短途拉运为例，人工成本占总成本

的 30.31%，燃料成本占 25.77%，轮胎修理成本占 9.23%，修理材料成本占 0.16%，过路过桥费占 5.90%，车辆保险占 0.018%。

公路货运运价除指令性运输计划外，实行市场定价，供需双方协商定价。其收费依据是：《收费公路管理条例》以及新疆维吾尔自治区人民政府颁布的《关于调整自治区收费公路车辆通行费标准有关问题的批复》《关于新疆维吾尔自治区收费公路载货汽车计重收费标准的复函》《关于完善收费公路价格政策 促进我区交通基础设施建设有关事宜的通知》等文件。具体为：载货汽车计重收费费率：高速、一级 0.07 元/吨公里；二级基本费率 0.05 元/吨公里；南疆四地州基本费率：高速、一级 0.06 元/吨公里，二级基本费率 0.04 元/吨公里。计重收费车货总重小于 10 吨（含 10 吨）的车辆，按基本费率计收；10~40 吨（含 40 吨）的车辆，10 吨及以下部分，按基本费率计收，10 吨以上部分按基本费率线性递减至基本费率的 50% 计收；超过 40 吨的车辆，10 吨及以下部分，按基本费率计收，10 吨~40 吨的部分按基本费率线性递减至基本费率的 50% 计收，超过 40 吨的部分按基本费率的 50% 计收。

据了解，200 公里以内的短途货运价格约为 0.5 元/吨公里，200~300 公里中短途货运价格约为 0.4/吨公里，400 公里以上长途货运价格约为 0.35 元/吨公里。

二、铁路货运费用及运价的收费标准和依据

铁路货物运费按照运输方式分为整车、集装箱、零担货物运费。铁路货物运输费用是对铁路运输企业所提供的各项生产服务消耗的补偿，包括车站费用、运行费用、服务费用和额外占用铁路设备的费用等。由货物运费、杂费、铁路建设基金组成，其中货物运费由国铁运费、地方铁路运费、合资铁路运费构成。杂费分为货运营运杂费，延期使用运输设备、违约及委托服务费用，租、占用运输设备费用三项。

铁路运费收费标准为：铁路货物运价按照基价 1 + 基价 2 × 运价公里计价方式进行货物运费核算。其依据是《中共中央国务院关于推进价格机制改革的若干意见》，国家发改委发布的《关于调整铁路货物运价有关问题的通知》和《关于深化铁路货运价格市场化改革等有关问题的通知》。铁路货物运价

由政府定价改为政府指导价，铁路运输企业可以政府指导价为上限，根据市场供求自主确定运价水平；完善铁路货运与公路挂钩的价格动态调整机制，扩大铁路货运价格市场调节范围，简化运价结构、完善运价体系。

三、民航货运费用及运价的收费标准和依据

目前航空货运费用包含航空运费和延伸服务费两种，是以重量和运价相乘进行收费，运价单位为元/公斤。以南航新疆分公司为例，该公司执行的货物运价分为基准运价、备案运价两类，其中备案运价在基准运价的基础上制定，可根据市场情况上浮，但下浮不得超过基准运价的 20%。

民航运费收费标准按照运价属性主要分为货物运价、邮件运价。其中，邮件运价、统一执行国内出疆航线按基础运价的 80% 计收，疆内航线按基础运价的 50% 计收。国内货物运价分为五类。一是普通货物运价，包括基础运价（民航总局统一规定各航段货物基础运价，基础运价为 45 公斤以下普通货物运价，金额以角为单位）和重量分界点运价（国内航空货物运输建立 45 公斤以上、100 公斤以上、300 公斤以上 3 级重量分界点及运价）。二是等级货物运价。急件、生物制品、珍贵植物和植物制品、活体动物、骨灰、灵柩、鲜活易腐物品、贵重物品、枪械、弹药、押运货物等特种货物实行等级货物和运价按照基础运价的 150% 计收。三是指定商品运价。对于一些批量大、季节性强、单位价值低的货物，航空公司可以申请建立指定商品运价。四是最低运费。每票国内航空货物最低运费为人民币 30 元。五是集装货物运价。以集装箱、集装板作为一个运输单元运输货物，可申请建立集装货物运价。

第三节　新疆货运对不同运输方式的依存度和比价情况

一、新疆货运对不同运输方式的依存度

从新疆货运对铁路、公路和航空运输的依存度来看，全区的货运对铁路

运输的依存度增长幅度并不大，对公路和民航货物运输的依存度整体处于提升趋势。这说明新疆的货运首选是公路运输，其次铁路和民航（见表 11 - 1）。对于一些高价值产品和紧迫性需求的货物，优先选择的是民用航空运输。

表 11 - 1　　　新疆货运对铁路、公路和民航运输的依存度　　　单位:%

年份	对铁路运输的依存度	对公路运输的依存度	对民用航空运输的依存度
2005	14. 055	85. 937	0. 008
2006	14. 694	85. 295	0. 008
2007	16. 201	83. 791	0. 008
2008	11. 974	88. 019	0. 007
2009	12. 054	87. 939	0. 007
2010	11. 959	88. 035	0. 006
2011	10. 981	89. 013	0. 006
2012	10. 079	89. 913	0. 008
2013	9. 744	90. 247	0. 009
2014	9. 185	90. 806	0. 009
2015	8. 812	91. 179	0. 009
2016	11. 781	90. 398	0. 025
2017	10. 320	89. 154	0. 022

资料来源：根据《新疆维吾尔自治区国民经济和社会发展统计公报》等计算整理得到。

二、铁路与公路货运运价的比价情况

新疆特殊的地理位置决定了公路和铁路之间有着较强的竞争，运输需求者会根据自身的需求和两种运输方式的供给特点选择运输方式。因此，从需求角度来看，将两者的运价进行比较是很有意义的。总体上看，新疆平均运距达 4000 公里，运距较长。铁路运输比公路运输成本可降低 5% 左右，在大宗物资中长距运输中的优势尤为突出。

对于 1000 公里内，铁路与公路的运价和比价关系如表 11 - 2 所示。根据《铁路货物运价规则》规定，以运价号为 2 的粮食、稻谷、大米等货物运输为例，30 ~ 1000 公里范围内铁路与公路运价的比价关系（比价以铁路运价为 1）为 0. 68、1. 01、1. 60、2. 26、2. 62、3. 00、3. 27、3. 37。显然，随着运距的增加，铁运优势愈发明显。

表 11-2 铁路和公路货运比价关系

运距（公里）	铁路运输（元/吨）	公路运输（元/吨）	铁路公路比价
30	15.53	10.50	0.68
50	17.35	17.50	1.01
100	21.90	35.00	1.60
200	31.00	70.00	2.26
300	40.10	105.00	2.62
500	58.30	175.00	3.00
800	85.60	280.00	3.27
1000	103.80	350.00	3.37

资料来源：根据《铁路货物运价规则》等计算整理得到。

三、铁路与民航货运运价的比价情况

在货物空运方面，从上海到乌鲁木齐铁路里程是 4077 公里，航空里程是 3649 公里。对于运价号为 2 的货物，铁路的运费为 384 元左右。如果走空运，上海直飞乌鲁木齐则要 50721 元以上。用接近 130 倍的价差，换来 40 小时的运输周期。显然，航空货运只适合高价值产品和紧迫性需求采用。

第四节 新疆货运运价存在的问题

一、公路运输方面

随着运输市场的放开搞活，货主运货难的状况不断改善，但由于种种原因，原有的一些大中型运输企业化整为零，出现了新的问题。一是货运企业"小、散、弱"的局面依然存在，缺乏能够主导货运市场的大型区域性或全国性的运输企业，使得效益不佳。过小的经营规模和营运区域、分散经营的状况导致货物运输机动、灵活、优质、高效、网络化、规模化的经营的整体优势难以发挥，经营水平和生产效率与发达地区相差甚远，使运力资源发生了巨大的浪费，使企业的经济效益不佳。二是道路货运市场总体情况为运力供给大于运力需求，从业者降价揽货恶性竞争。生产型企业为降低生产经营成本，利用自身货源掌控优势，主导货运市场价格。道路货运从业者也因货少车多竞相压低货物承运价格，造成行业恶性竞争，利润空间降低，服务质量得不到有效提升，与市场需求不相适应。三是成品油价波动对公路运输造成了较大的冲击。对于新疆公路运输企业而言，成品油支出已经占到其总运输成本的25%以上，成品油价格上涨加大了物流业成本，缩小了公路运输利润空间，降低了服务质量，造成运输企业抗风险能力减弱。

二、铁路运输方面

铁路运输运量大、能耗低、排放少、污染小、安全性高，相比公路，使用铁路运输，成本可降低5%左右，在大宗物资中长距运输中具有不可替代的优势，但也存在着一些不足。一是运输货物"门到门"成本降价困难，出现运价"两头高、中间低"的情况。落实公转铁等系列要求，新疆对铁路的运费、杂费进行下浮让利，但企业在"门到门"全程物流过程中，运输两端的专用线服务性收费、公路短驳等费用物流成本降低却很困难，出现了承担运输主力的中间段铁路运输运价水平较低、两端短驳及其他服务性非铁路成本很高的不正常现象。二是降本增效"同步实现"困难。运输方式的选择和价格的形成是一个综合的结果，在为生产企业降本增效整体运输过程中，减少铁路对客户运费、杂费收取的同时，也需要公路运输企业、专用线单位同步降低相关收费标准，从而降低客户成本，这样才能有效降低企业的综合物流成本。但由于通常是归口管理，没有形成完善系统的价格联动机制。三是铁路运价不可忽略的"费用"。由于新疆铁路运力紧张，季节性供需变化明显，获取所需的车皮除了明码标价的运费外，还有一些隐性的价外收费，包括所谓的装卸费、服务费等。这些费用累加在铁路运费上，使铁路货运成本增加。

三、民航运输方面

民航货运高效快捷、周转速度快，受地面地理位置、交通条件影响较小，主要受恶劣气候影响较大，运输产品趋向薄、轻、短、小、高价值产品，但新疆民航运输也存在一些问题。一是承运物品价值低，整体收益水平持续不高。从国内市场看，新疆制造业欠发达，货源以新疆特色农牧产品为主，快递快件和特产分别占50%和35%；产品附加值低，物流成本承受能力弱，加之竞争压力，运价走低。在国际市场方面，中西亚地区航线单向性明显，回程经营薄弱，且新疆对外出口的高附加值商品极少，长期依赖内地中转货源，稳定性不足，运输不成规模，难以形成有效的收益支撑。二是货机运力增长，影响国际客机腹舱货运量。以乌鲁木齐始发的国际航空货运价格为例，乌鲁木齐始发国际航线市场定价现状为俄罗斯、迪拜、卡拉奇、比什凯克等热门航线地区100公斤以上的运输价格定位平均在12元/公斤以上，邮件的价格高达20元/公斤。开通货运包机后，因舱位充足，运价较客机腹舱相比低40%左右，故大多客户选择货运包机运输，导致客机腹舱货量减少。

第五节　新疆交通货运费用调整的政策建议

一、公路运输方面

一是建议自治区督促各地政府积极推进各地运输结构调整工作，结合国家和自治区相关工作要求，尽快制定各地运输结构调整工作实施方案，扎实有效推进各项工作任务，全力确保工作目标顺利完成。二是建议国家加大道路货运行业支持力度，深化道路货运行业改革，促进高质量发展。同时，规范道路货运行业税费征收政策，特别是近年来出现的"网络平台＋货运"等先进运输组织方式增值税征收，进一步明确和细化此类平台企业增值税征收、抵扣政策，切实降低企业经营成本。三是建议完善政策保障措施，支持和鼓励道路运输企业规模化、集约化经营，推动传统货运企业向现代物流企业转型升级，切实增强道路货运企业在运输市场的主导权和话语权，更好地服务于全区社会经济发展。

二、铁路运输方面

一是建议协调国家相关部门，调整棉花运输补贴政策。2012年，国家对公路运输出疆的棉花给予同铁路相同的运输补贴。2014年，国家取消棉花收储政策，铁路运输占比下降。2014～2018连续4个棉花年度，出疆棉花铁路运量占比分别仅为 50%、36%、37%、50%，较 4 年前降幅增大。建议自治区政府协调国家相关部门，将出疆棉花铁路运费补贴周期缩短或优先补贴兑现通过铁路运输的企业，同时研究出疆棉花铁路与公路运费补贴差异化策略，促使棉花货源回归铁路运输。二是建议协调出台敞顶集装箱"公铁联运"相关支持政策。2016 年，新疆铁路陆续采取 20 英尺 35 吨敞顶箱运输煤炭、石灰石、石英石、工业盐等散堆装货物，在提高"公铁联运"效率、降低环境污染等方面发挥了积极作用。三是建议合理公铁运输分工。大力实施"公转铁"工作部署，对可铁运输的货物，要求相关经营企业必须通过铁路运输，同时铁路也给予企业相应合理的运输价格。政府出台相关措施意见，合理公铁运价分工，根据运输实际需求，原则上 250 公里以内选择公路运输，250 公里以上选择铁路运输。四是建议积极争取国家放松、放活铁路货运价格管理权限，将部分价格制定权限下放到地方铁路局。放宽对乌鲁木齐铁路局经营指标的考核，为铁路运价下浮腾出空间。根据铁路运距增加，下浮运价率比例进一步增大。五是建议免收铁路建设基金或扩大部分重点商品免收铁路建设基金的范围。科学简化定价办法和计价方式，如"门到门一口价"。

三、民航运输方面

一是建议降低通关成本，改善通关服务和通关环境，促进国际货物增长。二是建议对所有经乌鲁木齐中转的国际、国内货物进行补贴，稳定向中西亚出口的国际货源，加快推进乌鲁木齐国际航空枢纽建设；对于新疆特产类货物以及新疆本土企业生产的产品运输给予一定补贴，提升新疆产品在全国的影响力，提高市场占有率，助推新疆经济高质量发展。三是建议自治区出台相关优惠政策，对以乌鲁木齐国际机场为最终离境点的客机腹舱航空货物按照航线距离分级补贴，提高航空运输公司利用腹舱吨位运营货物的积极性，促进航空货运业务发展。

对口援疆篇

第十二章
援疆历史回顾

　　援疆行动从古代就有，中国古代治边政策自秦汉到清朝逐步发展完善。在秦汉时期就已经形成自己的边疆治理（治边）政策，后经隋、唐、元、明等王朝的不断充实，在清朝时得以完善，可以说形成了一个较为完整的边疆治理（治边）政策体系。乾隆二十五年（公元1760年），乾隆皇帝开始从各地调拨"协饷"作为新疆军政费用，每年达200万~300万两白银，每年数百万两的白银从内地各省区进入新疆，这些白银中大部分作为军政饷银发放，在新疆形成了强有力的购买力。清朝对新疆实施的"协饷制度"是当时规模最大的内地发达区域对西北边疆的支援制度。该制度类似于当前的中央财政对新疆的转移支付和东中部发达地区对新疆的对口支援，为当时新疆的发展提供了充足稳定的经费支持。真正现代意义上的援疆工作始于新中国成立之后，大致经历了三个阶段，一脉传承且各具特色。

第一节　起步初始发展阶段（1949～1977 年）

新中国成立之初，党中央从当地实际出发，认真研究历代的治疆策略，在借鉴历史经验的基础上，开启了屯垦戍边、援助新疆发展的援疆历史。早在新疆和平解放伊始，党中央在深入分析新中国国际国内形势的同时，就着手规划援助新疆各项事业发展的宏伟蓝图，逐步明确了发展和稳定新疆的重大战略决策，创立了中央支援地方、内地支援边疆、汉族支援少数民族、兄弟民族相互支援，调动全国各方面力量，共同推动新疆经济建设、文化发展和社会进步的治疆援疆策略。应该说，新中国成立以来的援疆政策是中国共产党人治疆方略中的一项创造性的重大战略举措。

一、大力推进交通运输业

新中国成立后，在党中央的亲切关怀和各族人民的努力下，新疆的交通运输事业取得了很大的发展。从 20 世纪 50 年代开始，国家为了改变新疆交通运输的落后面貌，适应经济建设和国防建设的需要，对新疆的交通运输事业进行了大量投资。

一是铁路建设：1952 年 10 月 1 日，天兰铁路（天水至兰州）建成通车。1952 年动工兴建兰新铁路（兰州至阿拉山口），经过 6 年的时间，1958 年 12 月兰新铁路铺轨跨过甘肃、新疆两省（区）分界的红柳河进入新疆境内的天湖站。1959 年 1 月 21 日，铺轨到达尾娅站（临时终点站开办客运业务），从此结束了新疆没有铁路运输的历史。此后，兰新铁路在 20 世纪 60 年代铺轨进入首府乌鲁木齐，后由于中苏关系恶化而停止修建。

二是石油管道建设：1956 年克拉玛依油田诞生，成为我国西北第一个较大的油田，并由此开始我国第一条长距离输油管道（克拉玛依—独山子）建设。

三是民航建设。1949 年 11 月 2 日，随着我国民用航空局的成立，全国民航事业开始恢复和重建。1955 年 1 月 1 日，中国民用航空西北管理处成立，并于同年 9 月更名为乌鲁木齐管理处。1970 年 7 月，国务院批准改扩建乌鲁木齐机场，1971年7月12日乌鲁木齐机场扩建工程破土动工，并定名为乌鲁木齐地窝堡国际机场，3年后建成并对外开放。在国际航线方面，新疆也是重要的枢纽之地，太原—西安—兰州—酒泉—哈密—乌鲁木齐—伊犁—阿拉木图线是率先成为中苏国际航行的3条国际航线之一。

二、全力发展钢铁和机械制造业

一是钢铁生产。1950年，中共中央和新疆军区从着眼全疆未来经济发展需要，决策筹划新疆钢铁工业建设。1951年9月16日，新疆军区后勤部钢铁厂（新疆八一钢铁厂的前身）建设工程在乌鲁木齐西头屯河动工。1952年5月30日生产出第一批钢材，从此开创了新疆现代钢材工业的新纪元。

二是拖拉机生产。1952年10月1日，新疆红十月拖拉机厂（原新疆十月汽车修配厂）建成并投产，当时的主要职能是为交通运输系统和新疆生产建设兵团维修汽车。当第一台拖拉机驶出生产车间时，已经是1958年5月13日了，但基础生产能力已经确定，于是自治区党委果断决定改扩建十月汽车修配厂，主要生产解放牌汽车，东方红—54型和合作—25型轮式拖拉机，年产能力均为2500辆（台）。由此，十月拖拉机厂成为我国当时大型的机械制造企业，被机械工业部命名为定点专业生产拖拉机厂，并正式改名为"新疆十月拖拉机厂"。

三、组建工一师专业工程队伍

1953年，中国人民解放军第二十二兵团骑兵第八师奉命集体转业组建"工一师（建工师）"，专门开展新疆地方重大工程项目建设。由于1974年修建南疆铁路的特殊需要，当年"工一师"改称新疆生产建设兵团铁路工程指挥部，同时挂牌"铁路工程局"。1983年4月，根据新的需要，又重新恢复了"工一师"的名号。至此，一支专业工程建设队伍建立并发挥主力军作用。

四、八千湘女进疆支边

1949年8月新疆和平解放，为了边疆的长治久安，1950年2月毛主席命令当时驻守在新疆的 20 万部队军人就地转业，投入生产，屯垦戍边。但由于当时许多部队官兵都长期忙于革命事业，大量的年轻战士和一些年龄较大的军队将领都没有成家，屯垦戍边缺乏家庭根基。因此，时任新疆军区代司令员的王震将军就讲出了一句话："没有老婆安不了心，没有儿子扎不下根。"很快，王震将军与湖南省领导对接，表达了招收一批女兵志愿屯垦戍边，组建家庭并长期留在新疆的意愿。在此感召下，1950～1952 年，先后大约 8000 名湖南籍女志愿兵来到新疆，与当地已经专业安置的解放军官兵组建家庭，生儿育女，发展生产，投身长期革命之中，为后来新疆社会经济发展做出了巨大牺牲，立下了不朽的功勋。

第二节　优化提升发展阶段（1978～2009 年）

1978 年以来，随着改革开放的不断深入，沿海地区经济发展进入快车道，中央在政策和资金上都给予了大量支持。多年以后，新疆社会发展和经济增长开始逐渐落后于沿海地区和内地省市。如何振兴中西部地区发展，特别是边疆地区的发展，是"实现共同富裕"的内涵要求。从 1996 年起，中央政治局开始专题研究新疆稳定与发展问题，在这一阶段，"干部对口援疆"逐渐调整为包括干部援疆在内的"多方位援疆"；同时，从发展理念、援助侧重点、援助方式及所要达到的目标方向着手，不断创新更加有效的模式、方法及内容，使援疆工作逐步由"输血型"向"输血—造血型"转变，由政府单一援助为主的援疆方式逐步向政府、企业、社会等多主体合作共同援助、共赢的方向转变，由公益性领域为主逐步向更多"民生短板"领域转变。在对口支援力度上，逐步增加援疆省市数量和其他主体单位，援疆内容也逐步扩展为包含工业、农业、能源、矿产、水利、交通、环境保护和生态建设等多项内容的系统性工程。

一、基地建设快速发展

改革开放后，新疆社会经济发展进入了一个新时期，国家经济体制改革进一步深入，产业布局不断推进。这一时期，新疆莎车县被列入全国"八五"期间第一批棉花商品生产基地县；扩建了八一糖厂，打造甜菜基地；吐鲁番被国家批准建立葡萄生产基地；国家有关部门总体设计，在林区原有基础上筹建天山西部林业局；"中国美利奴羊"（新疆军垦型）被国家经济委员会和农业部正式定名，紫泥泉种羊场成为培育种羊基地。

二、企业市场化改革不断深入

经济体制改革的核心是发挥市场配置资源的决定性作用。1980 年，新疆天山毛纺织品有限公司成立，是自治区第一家中外合资企业；八一毛织厂、八一棉纺织厂、新疆毛纺织厂等纺织企业开始逐步借助外资和内部股份制改革来增强市场竞争力。

三、石油产业大跨步发展

市场开放，贸易往来，产业发展，石油是重点。改革开放以后，新疆石油产业进入了一个黄金期。1981 年，克拉玛依周边的百口泉油田、红山嘴油田相继建成投产；塔里木盆地发现了柯克亚油气田；和丰县附近的夏子街油田、准格尔盆地的火烧山油田和稠油油田也相继投产。党的十一届三中全会后，独山子炼油厂获得发展支持，多次进行技术改造，成为加工手段比较齐全、技术比较先进、管理比较科学、效益比较理想的大型炼油化工企业。

四、基础设施建设取得新成就

停建 20 多年的兰新铁路西段（乌鲁木齐至阿拉山口段）复工修建。20世纪 80 年代，兰州至武威间进行了电气化改造，又于 1994～1996 年在武威至乌鲁木齐间增铺了双线。兰新复线于 1994 年 9 月 16 日全线胜利铺通，并于次年正式投入运营。2006 年 8 月 23 日，武威—嘉峪关铁路电气化改造工程乌鞘岭特长隧道双向贯通，兰新铁路最后的瓶颈消除，实现全线双线运营。同时，还有一大批零突破和重大项目完工：天山独库公路竣工通车；南疆铁路建成，结束了南疆没有铁路的历史；兴建了新疆人民会堂；建成乌鲁木齐市第一座互通式立体交叉桥——人民路立交桥，填补了新疆在公路和城市建设中的一项空白；整体推进新疆大学综合性建设，顺利入选国家"211"院校名录。

第三节　全面快速发展阶段（2010 年至今）

一、转型发展模式

对口援疆由投资侧重向产业拉动转变。2010 年之前的援疆更多依赖资本投资来拉动经济发展，但随着社会经济的发展，新疆社会经济单一依赖投资发展已经不能解决根本问题，只有依托稳固的产业实体，发挥产业带动经济发展作用，才能真正把握区域经济发展的重点和关键。新一轮对口援疆工作深入推进，不断协调主导产业与先导产业、支柱产业和先行产业的关系，以构建全区特色产业体系为中心，延伸产业链条，实现"产品—企业—产业—产业集聚"四位一体的发展模式转变。

二、丰富产业类别

对口援疆由资源性行业逐步向竞争性民生领域扩展，不断丰富内容。由于资源优势和历史发展等特殊原因，长期以来，新疆以资源型产业发展为主，所占比重在全区乃至全国都较大，产业结构过于单一。新一轮对口援疆在优化发展资源型产业的同时，进一步培育和发展民生型产业，统筹指导和服务管理，坚持向民生倾斜、向基层倾斜，注重国富产业发展与民富产业发展协调推进，统筹推进城乡卫生医疗、教育科技、文化、就业等民生项目发展，实施了一大批安居富民、定居兴牧、生态保护等惠民项目。

三、扩充开发主体

对口援疆由国有资本（国有企业为主）投入逐步向民间资本（民营企业为主）引入参与转变，不断扩充开发主体，引导多元资本进入。长期以来，对口援疆被更多定义为一项政府主推工程，加上完善薄弱的基础设施需要大量的国力支持，由此便开始以央企和国企为主体投入大量国有资金进行交通运输、通信、水利、能源、电力等战略性项目，随着基础设施的不断完善、国家政策的引导、民生需求的改变，房地产、医疗卫生、教育科技、人文旅游、康养休闲等产业大量引入民间资本参与，各种形式的资金合作、项目合作遍地开花，加速了城乡生产方式和生活方式一体化，促进了城乡协调发展。

四、拓展开发区域

对口援疆由全面开发（"撒胡椒面"）逐渐向重点开发（"精细化耕种"）转变。新疆地域辽阔，面积广大，经济基础薄弱，南北疆之间的发展差距也依然突出。新疆一盘棋，南疆是"棋眼"，民生是抓手。由此，南疆对口支援的重点更多与民生结合，与脱贫攻坚结合；大量的民生和援疆资金投放到贫困人口占比较大的南疆四地州。一方面，对口援疆力度不减，受援地与支援地合作力度加大加深；另一方面，着重促进南疆发展，以新疆喀什经济特区为增长极，辐射带动整个南疆地区发展，缩小南北疆差距。

第十三章
产业援疆实践

    对口援疆是新疆加快社会经济发展的重大历史机遇。党中央提出，要将国家要求、受援地所需、支援地所能有机结合，提高对口援疆的综合效益。对口援疆有助于新疆深度融入丝绸之路经济带核心区建设，抢抓新一轮西部大开发机遇，加快构建以国内大循环为主体、国内国际双循环相互促进的新发展格局。描绘对口援疆发展蓝图，明确智力援疆、产业促进就业、保障和改善民生、民族交往交流交融、文化教育援疆等重大任务，是高质量推进对口援疆工作的重要抓手，是援受双方深化交流合作、推进共同发展的有力支撑。

第一节　产业援疆（1949～2009年）

之前的对口援疆工作并未提出产业援疆的概念，大多数产业方面的援疆工作停留在某一个具体项目、某一些企业等内容上。

一、打造产业发展基础

新中国成立以来，新疆产业方面的援疆内容更多关注从无到有，实现零突破的项目。在农业方面，从修渠建库、开荒造田到大改善、稳增长，修建了乌鲁木齐红雁池、和平渠、哈密红星一渠和二渠、蘑菇湖、柳沟等诸多水库；实现从单一品种发展到多样化种植结构变迁，粮食、棉花、油料、甜菜、林果、畜产品等内容不断丰富。在工业方面，优先发展重工业，以人民解放军指战员为主体的建设大军建设了苇湖梁电厂、六道湾煤矿、八一钢铁厂、八一水泥厂、十月汽车修理厂、七一棉纺厂等第一批现代大中型企业；轻工业紧跟步伐，投资兴建了毛纺、制糖、造纸、卷烟等工业企业。在交通方面，建成了叶城、且末、莎车、裕民、新源、昭苏等县及吐尔尕特、红其拉甫等口岸的公路，以及乌鲁木齐、和田、阿勒泰、克拉玛依、富蕴等机场，并开通国际国内航班。在教育方面，在中央的帮助下，集全区之力，创办了新疆八一农学院、新疆医学院等高等学校；1979年后又新建了师范院校和财经学院、石油学院、艺术学院等高等院校，以及新疆机械技工学校等职业院校。

二、丰富工业门类齐全

1979年改革开放之前，国家先后实施了五个五年计划。在这期间，新疆各项产业的发展从无到有，从地区发展向全国扩展，并且根据国家国防安全、战略布局的要求，多次进行对外援助活动。改革开放之后，新疆开始逐步进行经济体制改革，解决轻工业力量薄弱等方面的问题。在原有产业的基础上，重点投资啤酒、葡萄酒和人民生活日用品相关的项目建设。在这一时期，伊犁、石河子、焉耆、阿克苏等兴建或扩建糖厂；乌鲁木齐火柴厂和保温瓶厂、盐湖化工厂和精河盐厂等一批轻工企业涌现；此外，进一步整合化肥厂，并新建新疆橡胶厂5万套轮胎项目建设和平板玻璃厂，同时有色金属冶炼和机械制造业等也得到了进一步发展。

三、援疆框架逐渐明朗

改革开放之前，在计划经济下，新疆产业发展完全遵循国家任务分配和工作安排，地方自主能力较弱，但同期新疆产业发展也表现出一定的优势。1978年以来，中央政府给予东部地区及沿海沿江地区大量政策支持及资金帮助，沿海地区经济发展一日千里，新疆的发展开始逐渐落后于沿海地区和内地省市。邓小平提出，沿海地区发展到一定的时候，要拿出更多的力量帮助内地发展。[①]1996年3月，中央政治局常委会关于专题研究新疆的稳定工作会议召开，下发了《中共中央关于维护新疆稳定工作的会议纪要》，其重要内容就是部署开展对口援疆工作。2004年中央办公厅下发〔2004〕11号文件，2007年国务院颁布《国务院关于进一步促进新疆经济社会发展的若干意见》，从更加全面的视角对新疆经济社会的发展进行部署，包含工农商贸、能源交通、水利矿产、生态环境等多个领域，涉及内容系统、广泛、具体。

四、不断扩展支援规模

改革开放之前，支援新疆建设的主体方不确定，完全在全国大框架下实施涉及新疆地区的项目，在"文化大革命"期间，甚至一度中断和停止。改革开放后，新疆通过自身经济体制改革取得了一定成就，但与其他省区市的差距愈发明显。从1996年中央明确提出支持新疆稳定发展的意见开始，支援新疆工作就正式有了一个规范化和常态化的机制。支援新疆发展的省市逐渐由北京、天津、上海、浙江、江苏、山东、河南7个省市和部分中央直属机关、国家部委增加到11个省市（新增辽宁、湖北、江西、福建）和部分中

---

① 毕瑛涛，蒲东恩. 以邓小平"两个大局"战略思想助推革命老区发展［A］. 中共四川省委宣传部、中国延安精神研究会、中共四川省委党校、中共四川省委党史研究室、四川省教育厅、四川省社会科学院. 四川省纪念邓小平同志诞辰110周年学术研讨会论文集（二）［C］. 2014：7.

央直属机关、国家部委。特别扩大支援南疆发展力度,前期援助省市、中央
企业与新疆南疆四地州、兵团在南疆的三个师结成对口支援关系,之后扩展
为内地 8 省市和 15 户大型央企承担援疆任务,对口支援单位由省市扩大到中
央企业。

第二节　新一轮产业援疆(2010 年以来)

一、明确援助方和受援方匹配关系

2010 年,第一次全国对口支援新疆工作会议做出决定:由全国 19 个省
市对口援助新疆 12 个地州市的 82 个县市以及新疆生产建设兵团的 12 个师,
同步推开各个部委、央企的对口援助,形成了固定的对口援助对应关系(见
表 13 - 1)。中央和各对口支援省市以增强当地造血功能为重要任务,结合当
地的资源优势,精心谋划,积极开展产业援疆和市场援疆。

表 13 - 1　　　　　　　　　各地对口援疆地区一览表

支援省市	受援地区	援疆金额及内容
北京	和田地区的和田市、和田县、墨玉县、洛浦县及兵团农十四师团场	"十二五"期间,北京共落实 79.9 亿元的援助资金,按照"优先推进城乡住房建设,加大社会事业投入,重点促进产业振兴,完善基础设施配套,强化基层组织建设和加强人才培训"六大任务集中使用资金
广东	喀什地区疏附县、伽师县、兵团农三师图木舒克市	"十二五"期间,广东对口支援"两县一师",投入援助资金 63.27 亿元,完成援建项目 123 个,主要集中在富民安居、基础设施建设、产业发展、人才支持、智力支持、公共服务、劳动就业、青少年交流八大工程领域
深圳	喀什市、塔什库尔干县	"十二五"期间,深圳市投入 38.5 亿元,超额完成深圳"十二五"援疆综合规划确定的投入 32.5 亿元的目标任务;明确将"一城一园一校"的建设作为援疆工作的重中之重,使受援地就业、教育、人才工作全面提升,带动整个城市快速发展

续表

支援省市	受援地区	援疆金额及内容
江苏	霍城县、农四师66团、伊宁县、察布查尔锡伯自治县、阿图什市、乌恰县	"十二五"期间，江苏紧紧围绕民生、产业、人才等重点工作，组织实施援疆项目864个，总投资310.7亿元，涉及农业发展、园区建设、科技教育、服务业提升等领域
上海	巴楚县、莎车县、泽普县、叶城县	"十二五"期间，上海对口援助资金90.34亿元，安排项目650个，重点覆盖受援四县富民安居工程、产业发展、社会事业和人力资源开发等，推进社会援疆、智力援疆和志愿者服务等援疆工作
山东	疏勒县、英吉沙县、麦盖提县、岳普湖县	"十二五"期间，山东从城建、社会发展、产业提升、人才就业、阵地建设等方面着手，累计投入资金50.95亿元，实施453个项目，重点用于民生领域
浙江	阿克苏地区的1市8县、阿拉尔市	"十二五"期间，浙江以改善民生为重点、以产业发展为亮点、以促进受援地跨越式发展和长治久安为落脚点，累计实施各类项目710个，项目总投资231亿元，到位援疆资金72亿元
辽宁	塔城地区	"十二五"期间，辽宁累计投入资金26.03亿元，援疆项目196个，主要涵盖干部人才培训类"交钥匙"项目、建设类"交支票"项目
河南	哈密地区、兵团农十三师	"十二五"期间，河南实施85个援疆项目，90%以上的资金投入教育、医疗卫生、安居富民、定居兴牧、民生就业以及基础设施建设等领域
河北	巴州、兵团农二师	"十二五"期间，河北投入资金重点支持"干部、技术、人才、资金、管理、项目"六个领域，分三批实施援建，突出"就业、就学、就医、养老、住房"等一批高标准的民生工程
山西	农六师五家渠市、阜康市	"十二五"期间，山西共实施援疆项目102个，安排援疆资金116392万元。其中，61.3%的援疆资金用于就业、住房和基础设施等民生项目，28.1%用于教育、卫生项目，9%用于基层组织建设和干部人才培训，连续五年实现计划项目100%开工、援疆资金100%到位、建成项目100%投运

续表

支援省市	受援地区	援疆金额及内容
福建	昌吉市、玛纳斯县、呼图壁县、奇台县、吉木萨尔县、木垒县六个县市	"十二五"期间，福建安排援疆资金16.02亿元、援建项目145个，其中民生工程建设项目投资超过援疆资金总额的72%
湖南	吐鲁番地区	"十二五"期间，湖南援助吐鲁番项目62个，实际到疆援助资金13.52亿元，为计划援助资金的105%，覆盖安居富民、城镇保障性住房、教育提升、医疗服务、产业园区拓展、生态建设等八大类项目
湖北	博乐市、精河县、温泉县与兵团农五师	"十二五"期间，湖北援疆项目资金到位率、项目开工率、完成率均达到100%，省级对口援助资金12.73亿元和市级援助资金1亿元已全部下达到位，共完成援建项目209个
安徽	皮山县	"十二五"期间，安徽援建规划资金13.6025亿元，规划援建项目54个（类），对口支援新疆的项目约40个，覆盖城乡的安居住房、科技和创新、产业发展、社会事业与人民生活改善、人力资源支持以及促进安徽、新疆双方交流和提供技术援助等领域
天津	民丰县、策勒县和于田县	"十二五"期间，天津援疆项目累计实施389个，投入援疆资金26.83亿元，项目覆盖就业、教育、产业发展、城乡住房、卫生医疗和文化等领域
黑龙江	福海县、富蕴县、青河县和农十师	"十二五"期间，黑龙江累计投入地区及受援三县规划内、外援疆资金9.53亿元，完成规划内支持5.53亿元，实施项目187项，完成规划外支持4亿元，实施项目28项，援疆项目资金到位率100%，开工率达100%
江西	阿克陶县	"十二五"期间，江西对口支援新疆克州阿克陶县规划建设项目46个（含中期调整、利用项目结余资金调增），涵盖城乡居民住房、教育、卫生、科技、产业、基础设施和基层组织建设等8个方面，安排援建资金10亿元，较国家核定资金的9.27亿元超出7300万元
吉林	阿勒泰市、哈巴河县、布尔津县和吉木乃县	"十二五"期间，吉林累计安排对口援助资金10.48亿元，重点实施"四大工程"（定居安居工程、"3+1"产业引导工程、生态建设工程、数字惠远工程）和"两个计划"（长白计划、灯塔计划），建设9大类234个援疆项目

二、促经济发展与惠民生同步进行

2010 年以来，中央先后召开六次对口支援新疆工作会议，明确提出援疆工作要与民生工程、脱贫攻坚相契合。特别是第二次援疆会议精神得到了各援疆省市的大力支持和贯彻落实。秉承改善民生为第一要务，着力推进工作，让老百姓早受益、享受实惠，同时，将工作重心置于改善民生上，坚持产业为重，促进当地经济持续发展。重点实施一批产业援助和产业合作项目，扶持优势特色产业，增强自我发展能力，并推出了"农户＋建设基地＋企业＋标准生产""种植的规模化＋大企业""生态改善＋荒地租赁＋农牧民职工化"等各种支援新疆建设的项目与模式。比如，在红枣田内进行高效节水实验示范、节能温室、蔬菜大棚、"天津生态园"、循环产业园（以"基地＋公司＋农户"的形式搞循环产业）等多个产业项目；天津市凭借妇女在手工编织业方面的优势，以"教会、学会、会销"的方法，大力支持当地手工编织等轻工业的发展。

三、国家主导与民众参与协调推进

新一轮援疆工作更加注重人的发展和需求，在具体援疆产业上更加结合当地优势资源、民生资源。由国家主导推进整体统筹协调工作，地方和民众参与相结合，一些具体产业项目设计和施工都会在当地征集民众意见和建议，让项目实施更加符合当地老百姓的诉求。同时，推进产业援疆与民族团结相互融合发展。新一轮产业援疆更加注重促进民族团结，产业项目落地后还要生根发芽，产业援助团队深入开展"结对子、结亲戚、交朋友、手拉手"等活动，让产业援疆队伍与新疆各族群众互动起来，让产业援疆更加富有"感情"，让产业援助更具传承性。

四、城乡统筹发展更加统一协调

新一轮援疆不再仅仅偏重于城市的发展，而是着重推进农牧区产业的发展和人民生活水平的提升。更多的资金、人力资源投向广大农牧地区，特别是较为落后和贫困的南疆地区，从改善基础设施入手，改善村容村貌，让农牧民能和城市居民一样，享受改革成果；推进农牧民地区卫生医疗、教育科技、就业创业等，逐步提升农牧区居民的硬件环境。同时，把产业带动就业作为优先目标，提升双语教育和中等职业教育质量，引导当地群众就近就地稳定就业、持久从业；逐步让农牧民群众就近实现"市民化"的生产生活转变。

第三节 新一轮产业援疆的援助内容

新一轮对口援疆工作开展以来，2011～2016年各援疆省市累计引进援疆省市经济合作项目7260个，到位资金达1.14万亿元，产业援疆到位资金是财政性援疆资金的15.72倍。援疆资金与经济合作项目投资占同期自治区全社会固定资产投资的23.96%。可以说，政府性援疆力量是有限的，产业援疆工作潜力是无限的。特别是党的十八大以来，产业援疆吸纳就业达到52.3万人次，为新疆社会稳定和长治久安以及新疆各族群众稳定就业增收做出了巨大贡献。

一、支持园区产业发展

把产业园区建设作为承接产业转移的重要平台，安排资金支持工农业园区建设等，提升园区的承载能力。各省市与自治区签署了冠名支持产业园区建设合作框架协议，建立了48家国家级开发区、39家产业聚集园区的结对关系，积极探索创新园区建设模式，拓宽园区建设融资渠道。辽宁对口援助塔城地区，共同推进巴克图口岸辽塔新区建设，把地处祖国西北边陲的"口袋底"转变为向西开放的最前沿。广东采取"以商招商、园中园开发"模式，将伽师县兴业中小企业孵化基地交由广东民营企业自主招商和管理，发挥了企业招商的积极性，拓宽了招商渠道。

二、促进企业来疆投资兴业

各省市积极制定鼓励企业来疆投资的财税、金融、流通等优惠政策，完善服务产业援疆的跟踪机制；积极打造驻疆商会对接援疆干部的桥梁，发挥通向疆外的纽带作用，努力搭建更加宽泛丰富的招商平台，引进了一批投资规模大、带动能力强的项目。浙江、山东、广东、河北等省市出台了支持企业赴新疆投资的意见、产业援疆工作方案等，从资金和政策上积极鼓励企业来疆投资发展。广东与新疆签署了加强产业援疆工作的合作协议，广东籍企业5年内在疆投资近千亿元，重点投资的产业涉及纺织服装、商贸物流、加工制造、电子商务、文化旅游、生物医药、特色农产品加工、新能源等，新增就业岗位高达七万多个，实现相关产业带动就地就近就业七万人以上，异地转移就业达五万人次。河南举办"海内外豫商支持哈密建设"活动，组织20余个省市的河南商会代表到哈密地区和农十三师考察洽谈，为产业援疆搭建了新的平台。

三、扶持纺织服装产业壮大

第二次中央新疆工作座谈会确定在新疆实施发展纺织服装产业带动就业战略以来，在国家及自治区各有关部门的大力支持下，在中央和自治区各项扶持政策的积极引导、援疆省市的大力支持下，全区纺织服装企业数量从2013年底的560家增加到2016年底的2083家，已初步形成了集棉纺织、毛纺织、麻纺、针织、服装、印染、化纤及纺织教育、科研、设计、质检、营销为一体的产业体系，具有自然资源和劳动力资源丰富、加工能力强、产业链完整、制造成本低廉等优势，全国纺织行业前十强等大型企业先后入驻自治区，呈现高速发展的态势。2014年以来，地方纺织服装产业累计实现24.88万人就业，全产业链实现就业约38万人，成为全区吸纳就业容量最大的行业。

四、助力当地居民就地就近就业

把产业援疆带动就业工作作为维护新疆稳定、改善民生的重要工程来抓，帮助和促进各族群众实现就业。结合援疆项目建设、企业用工需求，通过定向职业技能培训、订单式培养、开设新疆内地"中职班"等形式，实施就业技能培训。截至2015年，19个援疆省市累计安排援疆资金10.4亿元，支持职业培训基地建设；安排援疆资金 12.8 亿元支持纺织服装产业项目 72 个，支持纺织园区污水处理、标准厂房、职业技术培训等，引导多家国内知名纺织集团来疆投资，利用纺织服装业劳动密集型产业的特点，带动城乡劳动力就业。广东、深圳、山东、上海等省市提供支持产业发展、带动就业的专项支援资金，着重支援对口地区提供就业岗位多的企业，鼓励一批劳动密集型企业来疆，吸纳当地少数民族群众就业。据不完全统计，中央企业通过石油化工、煤电煤化工等项目，解决了 2.46 万当地各族群众稳定就业，其中少数民族 0.79 万人，19 个对口援疆省市通过引入劳动密集型企业相关产业，诸如纺织服装、机械加工制造、电子信息等产业相关企业，累计带动新疆各受援地州各族群众实现稳定就业 12 万人次，产业援疆助力就业成效显著。

五、加大就业技能培训

山西实施定向职业技能培训、订单式培养等，每年在省内为受援地举办 10 批次、800~1000 人的职业技能培训。浙江开设新疆内地"中职班"，由 8 所省一级重点职校面向阿克苏地区开设机电、旅游等十几个紧缺专业，实施免费教育，目前已接收 1500 多名学生。天津支持受援地职业教育实训基地建设，新开设服装、玉石、装饰、维修等符合当地产业发展需要的专业，培训了 2000 余名具有专业技能的学生。上海建立沪疆两地职教联盟，促进职业教育与受援地纺织服装产业发展对接。

六、引导群众赴内地就业

各援疆省市安排援疆省市人社厅（局）与受援地签署了对口援疆协议书，建立了就业信息交流和帮扶机制。江西免费为新疆籍在赣人员提供就业指导，对在赣创业的新疆籍人员实施享受本省的就业创业优惠政策和小额担保扶持，对已在赣落户的人员实现与江西籍人员同等的失业保险、医疗保险待遇。河北、河南、山东、山西、江西、浙江、江苏、湖北、安徽、广东 10 省市制定了支持鼓励新疆籍少数民族劳动力在上述省市就业相关政策，通过搭建内地新疆少数民族信息交流平台和帮扶平台，鼓励新疆籍少数民族高校毕业生在内地各省市就业，对本地企业吸纳新疆籍少数民族员工给予一定奖励。每年在援疆省市的大力支持下，自治区组织人员赴援疆省市企业进行劳务对接，确保全年有组织转移新疆农村少数民族富余劳动力到内地就业近5000人。制定促进新疆特别是南疆农业富余劳动力到内地就业的政策，鼓励以夫妻家庭为单位转移到内地就业，力争用3年时间使新疆有组织到内地就业的少数民族人员提高和稳定在5万人左右，恢复到2009年以前的水平。

第四节 新一轮产业援疆取得的成效

新一轮产业援疆有力助推了新疆经济增长，为新疆社会经济发展做出了突出贡献。

一、促进了新疆经济的发展和社会的稳定

2011～2016年，产业援疆引进资金增长了157%，新疆的地区生产总值也相应地增长了46.3%，产业援疆的作用不容忽视。同时，以项目投资为主的产业援疆使新疆地区的外来企业、PPP项目、工业园区蓬勃发展，提供了大量的就业机会，促进了广大群众就业增收，为新疆社会稳定和民族团结打下了坚实的基础。以产业促就业的援疆理念为新疆人民的生产和生活注入了新的活力，促进了各地"造血"能力的提高，为我国区域的协调发展做出了不可磨灭的贡献。2010～2015年，19个援疆省市累计引进产业援疆资金额平均每年新增313亿元，为新疆社会稳定奠定了坚实的经济基础。援疆省市和企业在经济援助的同时，加快与当地各族人民开展结对子、手拉手、团结一家亲等活动，一些援疆干部甚至举家搬迁至受援地生活，有力地促进了民族团结、社会稳定和长治久安。

二、促进了新疆产业结构优化升级

2011～2015年，新疆三次产业结构由17.3∶50∶32.7调整为16.7∶38.2∶45.1，第一产业和第二产业的比例不断下降，第三产业所占比例不断提高，产业结构进一步得到优化，对社会经济发展的贡献率越来越高。而同期国家三次

产业结构由 10.1：46.8：43.1 调整为 9：40.5：50.5，说明新疆三次产业结构与国家发展趋势总体一致。三次产业就业人口结构由 48.7：15.6：35.7 调整为 44.1：15.2：40.7，第二产业和第三产业对促进地区经济增长效果更加明显，劳动力大都集中在比较值较低的第一产业，三次产业的产业结构偏离度由 -0.64：2.20：-0.08 调整为 -0.62：1.51：0.11。三大产业结构的偏离度大于零，显示就业权重小于产业权重，即产业中劳动产出率较高，因而在这一产业内迁入劳动力较为困难；产业结构偏离度小于零，则表示产业权重小于就业权重，即这一产业的劳动产出率不高，向外转移劳动力资源较难。因此，第一产业仍存在大量的需要转移出去从事第二产业、第三产业的人口，第二产业、第三产业对人口吸纳需求较旺盛。特别是随着第三产业不断发展，数值由负值变为正值，说明第三产业吸纳就业能力日益增强。

三、促进了群众观念转变和就业增收

受就业观念、生活习惯的影响，很多少数民族群众不适应工厂化的严格管理，不习惯离开家到外地就业。五年前，产业援疆企业最头疼的事就是招工。一是工人要求工资越快结算越好，最好日结，而一旦发工资，很多员工就不来上班，什么时候钱花完了，什么时候再来；二是很多员工不愿进工厂工作，工人流失率非常高；三是很多家庭不允许女性进工厂工作，认为女人就该待在家里。经过几年不断地培训和宣传，现在已经有了很大改观，一大批少数民族群众已经适应了工厂化的现代管理，制度观念、纪律观念，服从意识有了明显提升，员工稳定率显著提升。随着纺织服装产业的大力推进，一大批女青年进入工厂，成为合格的产业工人，不仅提升了就业水平，而且提升了女性的家庭地位，很多女性成为家庭的经济支柱。特别是随着自治区不断推进外出转移就业，由南疆到北疆、由新疆到内地转移就业的工作热情日益高涨，很多群众主动要求赴外地转移就业，增加收入，脱贫致富。截至 2015 年，各援疆省市累计安排援疆资金 10.4 亿元，支持职业培训基地建设。覆盖纺织服装的项目有 72 个，专项用于支援纺织园区污水处理、标准厂房、职业技术培训等资金有 12.8 亿元，引导国内知名纺织集团来疆投资，利用纺织服装业劳动密集型产业的特点，带动城乡劳动力就业。广东、深圳、上海、山东等省市安排扶持产业就业专项资金，重点支持对口支援地区带动就业成效显著的企业，鼓励一批劳动密集型企业来疆，吸纳当地少数民族群众就业。据不完全统计，中央企业通过石油化工、煤电煤化工等项目，解决了 2.46 万当地各族群众稳定就业，其中少数民族群众为 0.79 万人。

四、促进了本土全产业链条的构建

各省市对口支援新疆是党和国家的战略部署，是新疆的社会稳定与长治久安的重大措施。同时，通过发展产业来支援新疆是有效提高对口地区自身"造血式"的有效举措。新的一轮对口支援举措实施以来，支援省市和企业通过各种方式填补和连通新疆产业链条，完善全产业链发展。例如，浙江重点支持打造阿克苏地区纺织工业城（或开发区），夯筑各县市的工业园区基础平台建设，并借助浙江纺织服装和电子商务优势，培训新型纺织职工，完善产供销一体化建设。乌鲁木齐、吐鲁番等地借助自身优势，引进发展汽车、机器人、动漫等相关产业，填补产业空白。

五、促进了重点项目发展建设步伐

19 个省市与中央企业在产业援疆实践中充分发挥纺织服装、电子信息、机械制造、石油化工、煤化工、能矿开发、文化旅游、金融服务等产业及园区管理建设的优势，在技术、资金、管理等方面对受援地区给予大力援助，产业援疆工作取得了明显成效。同时，重点扶持受援地设施农业、规模化牲畜养殖、手工编织、农产品深加工、民族手工、纺织服装业等劳动密集型特色产业发展，带动受援地群众致富增收。一批园区建设进程加快，一些产品推介会开始举办，一家家电商平台得到搭建，一环环物流节点获得兴建。

六、推进了优势资源开发力度不断加大

"十二五"期间累计建设石油石化项目 47 个，完成投资 2034 亿元，占中央企业五年投资总量的 37.15%；清洁能源（光伏、水电、风电）项目 418 个，完成投资 1450 亿元，占五年投资总量的 26.48%；煤化工、煤电一体化项目 110 个，完成投资 908 亿元，占五年投资总量的 16.58%。另外，还有网

络通信项目 23 个，完成投资 513 亿元，占五年投资总量的 9.37%；制造业项目 64 个，完成投资 422 亿元，占五年投资总量的 7.7%。当前，中央企业和19 个援疆省市国有企业产业援疆投资项目广泛分布于石油石化、煤炭、煤电、煤化工、风能、光伏、汽车、机械配备、矿产资源开发、农业、林果业、农副产品深加工、商贸流转和产业园区建造等领域，不只发扬了国有企业的带动引领效应，也发扬了援疆省市的产业优势、人才优势、技术优势、资金优势、管理优势，进一步把产业援疆延伸到各受援地州、县（市），各地优势资源开发力度不断加大。

第十四章
对口援疆助力新疆经济高质量发展

　　"十四五"时期是我国全面建成小康社会、实现第一个百年奋斗目标之后，乘势而上，开启全面建设社会主义现代化国家新征程、向第二个百年奋斗目标进军的第一个五年，也是完整准确领会新时代党的治疆方略，贯彻落实第三次中央新疆工作座谈会、全国对口支援新疆工作会议精神，坚持依法治疆、团结稳疆、文化润疆、富民兴疆、长期建疆，提高对口援疆综合效益的五年。2021年是"十四五"对口援疆工作的开局之年。这一年，在以习近平同志为核心的党中央坚强领导下，在中央新疆工作协调小组关心指导下，在中央和国家机关以及各援疆省市的大力支持下，新疆维吾尔自治区党委、人民政府团结带领全区各族干部群众，全面贯彻党的十九大和十九届历次全会精神，深入贯彻落实习近平总书记关于新疆工作的重要讲话和重要指示精神，完整准确贯彻新时代党的治疆方略，特别是社会稳定和长治久安总目标，贯彻落实第三次中央新疆工作座谈会、第八次全国对口支援新疆工作会议精神，切实增强"四个意识"、坚定"四个自信"、做到"两个维护"，统筹推进疫情防控和经济社会发展各项工作，把对口援疆工作作为新疆工作的重要组成部分纳入新疆工作大局，同谋划、同部署、同推进，有力推动新疆社会大局持续稳定、经济平稳健康发展、群众生活明显改善、民族团结和谐，各项事业不断进步。

第一节 2020～2021年对口援疆
各项重点任务落实情况

2020年，19个援疆省市计划安排援疆资金近150亿元（不含兵团），资金到位率达100%。计划实施干部人才援疆、产业援疆、保障和改善民生、各民族交往交流交融和文化教育援疆等一系列援疆项目开工实施，80%以上的援疆项目资金集中用于民生领域，用于基层，切实提升对口援疆综合效益，为新疆稳定发展各项事业注入了强大动力。

一、突出抓好干部人才援疆

聚焦人才援疆，受援地干部人才能力素质不断提升。坚持把干部人才援疆放在更加突出的位置，发挥人才关键作用，有效缓解了受援地人才紧缺的现状，增添了新发展动力。一是精准选派支援队伍。第十批共选派计划内约5000名干部人才到受援地任实职、担实责，选派约200名援疆干部在南疆乡镇任职，有力提升基层干部整体队伍素质。柔性引进教育、科技、文化、医疗、政法等受援地紧缺急需人才万余名进疆服务，有力加强当地干部人才队伍建设。二是加强人才培养培训。选派强有力的党政干部和专业技术人才到内地培训和挂职锻炼，促进受援地干部观念更新和思路创新。积极开展医疗、务工、各类致富带头人等专业技术技能培训，广泛帮助培训受援地各类干部人才，提高人才培训的针对性、有效性和实操性，让学在课堂、学在车间、学在田间地头，让各类干部人才所学能用、所学适用、所学有用。例如，山东设立援喀什柔性人才工作站，紧抓援疆干部人才优势作用的充分发挥，统筹两地人才协作培养；在教育援疆模式上不断创新，实施"百千万工程""青蓝工程"，建立"工匠联盟""鲁喀教研联盟"，多样化"组团式"援疆，有力地支持了受援地干部队伍和各类人才队伍的素质提升。

二、务实推进产业援疆

聚焦产业援疆，支援地"源头活水"不断注入，受援地自我"造血"功能不断增强。坚持受援地"自我修复"能力提升方向，充分释放产业援助对促进受援地疫后复苏、产业链供应链巩固和可持续发展的潜力。安排援疆资金和援疆项目，重点用于招商引资、标准化厂房和园区基础设施建设，支持受援地围绕特色农牧业提质增效、纺织服装业延链、强链，以及农产品精深加工等区域特色优势产业的振兴发展。一是多措并举促"产业带就业"。推进新疆与内地经济技术交流合作，多元化引进内地企业，引进就业容量大的服装、鞋帽、箱包、假发等劳动密集型产业在乡村投资建厂，就近就地带动就业。创新举措实施产业招商，江苏、福建援疆工作前方指挥部会同克州、昌吉州两地共赴江苏开展联合招商引资，达成多项产业合作协议。河南、浙江、江苏等省市搭建"云平台"，探索"云招商""云推介""云签约"等招商新模式，实现精准高效招商。山东援疆前后方工作机构成立招商工作专班，推动形成"落户一批，签约一批，储备一批"梯度发展的良好态势。组织新疆少数民族群众赴内地援疆省市企业就业。江西建立少数民族流动人口服务管理工作站和阿克陶驻内地就业服务工作站；河南健全完善新疆少数民族群众在豫服务体系，协调解决在豫的哈密市各族群众的住房保障问题。二是因地制宜外销各类"疆品"。因地制宜开展市场援疆、消费援疆，让"新疆味道""兵团味道"香飘全国。在援疆省市的帮扶下，自治区（兵团）特色农副产品走向全国市场。2020 年初至 2021 年 6 月，浙江通过"十城百店"线上线下渠道，帮助阿克苏地区及兵团第一师销售农产品 35 万吨，销售额达 50 亿元。网络直播带货成效增强，2021 年 6 月，广东省深圳市在喀什市阿瓦提乡阿曼拉村连续两年开展专场直播带货，助力杏子销售，两小时销售额达 6 万余元。2021 年 9 月，河南省济源市 110 余家企事业单位订购兵团第十三师火箭农场的白葡萄 12287 箱，有效解决了新疆当地果农的销售难题。北京、安徽、湖南、江苏、浙江、深圳等省市充分发挥优势推动产销对接，形成了政府机关带头、企事业单位紧跟、社会大众积极踊跃参与采购的生动局面，有效降低疫情对全疆农产品销售的不利影响。此外，大力开展"电力援疆"。2021 年 1 ~ 10 月，"疆电外送"电量 1022.1 亿千瓦时，同比增长 30.5%，其中哈密南—郑州 ±800 千伏特高压直流输电工程外送电量 367.5 亿千瓦时，同比增长 9.2%；新疆—西北主网联网 750 千伏双通道工程外送电量 192.2 亿千瓦时，同比增长 104.2%；准东—华东（皖南）±1100 千伏特高压直流输电工程外送电量 462.4 亿千瓦时，同比增长 31.1%，为促进全疆优势资源转换、保障中东部地区电力供应发挥了十分重要的作用。

三、持续保障和改善民生

聚焦民生改善，各族人民群众福祉持续增进，物质生活水平不断提高，精神生活得到满足。坚持把保障和改善民生放在首要位置，坚持把援疆资金向基层倾斜、向民生倾斜，援疆资金的 80% 用于基层、80% 用于民生；坚持民生优先、民生先动、紧贴各族人民群众需求，帮助解决好各族人民群众"急、愁、难、盼"的问题，全面提升"幸福指数"。持续推进巩固脱贫攻坚与乡村振兴有效衔接、教育医疗、文化科技、住房、基础设施等重点民生工程，持续改善乡村生态生产生活环境及条件，持续满足人民群众对美好生活的向往，不断增强各族人民群众的获得感、幸福感、安全感。一是接续推进和巩固脱贫攻坚成果。各援疆省市重点围绕乡村振兴、就业、住房保障、医疗教育等扶贫领域安排援疆项目资金，有效助推受援地脱贫攻坚成果巩固。一些各具特色援疆项目传为佳话，如深圳：特色馕"插翅"飞向深圳城，海水稻"落户"喀什盐碱滩；湖南："湘女进疆精神"接续传，"疆品入湘"助力吐鲁番；浙江："跳出浙江发展浙江"，创新打造援疆多张"金名片"；吉林："南果北种"富乡村，"吉林味道"阿勒泰。二是提高"两居"工程水平。下大力气解决各族人民群众安全住房问题，继续推进建设安居富民房、游牧民定居房工程，完善水电路气、公共服务设施、庭院经济等配套设施，改善群众生产生活条件。三是提升基层医疗服务能力。新建、改扩建乡镇卫生院，推动乡镇卫生院、村卫生室标准化率达 100%。组织开展医疗巡回义诊，持续推进医疗惠民。例如，黑龙江录制的"龙江医生在线"在阿勒泰地区电视台定期播出，提高了受援地居民健康和卫生意识。四是加强基层党组织阵地和公共服务、公共安全能力建设。新建、改扩建社区活动场所、村民服务中心等基层组织阵地，集中选派数千名专业技术人员进疆，帮助配备基层维稳设施设备，发挥基层党组织战斗堡垒作用。例如，一些援疆企业主动参与智慧援疆项目，助力反贫困事业。在疫情防控之时，援疆工作队坚守生产安全一线，实现了监管安全"零事故"、疫情防控"零感染、零输入"、队伍安全"零违纪"目标，为保障经济和社会安全稳定做出了突出贡献。

四、着力促进各民族交往交流交融

聚焦民族交往交流交融，推动铸牢中华民族共同体意识。坚持把交往交流交融作为巩固各民族大团结的重要手段，加大资金投入，搭建多层次互动平台，组织开展各族干部群众互访交流、青少年"手拉手"等各民族交往交流交融活动。一是高层推动、顶层设计。2021 年以来，天津、湖南、河北、江苏、山东、湖北、江西、浙江等援疆省市党政代表团来疆考察，通过高层次对接，加强沟通交流，达成合作共识。二是双向交流、内容丰富。组织青少年"手拉手"、考察团、学习团、参观团等交流联谊活动，搭建促进各民族交往交流交融的平台。广东组织两地青少年广泛开展视频结对、书信"手拉手"活动，促成万名学生结对交往交流。三是多领域结对子。全区援疆干部与基层少数民族群众开展结对认亲近 1.4 万户，1000 余所学校与内地学校、近 300 家医院与内地医院开展结对共建。浙江启动实施"百校十万'石榴籽'工程"，湖北、河北前后方援疆工作机构协调省直部门、行业单位，以及部分市区县来疆开展结对共建。四是实施"万企帮万村"扶贫行动。发挥援疆社会帮扶力量，推动援疆省市 560 余个企业与南疆 720 个贫困村结对子，架起各民族交融团结、共同进步的桥梁。

五、深入开展文化教育援疆

聚焦文化教育援疆，切实提升受援地人口素质。注重发挥援疆省市文化教育资源优势，帮助提升受援地公共文化服务体系和教育教学水平。一是组织文化艺术交流。广泛开展多场文艺演出、文化讲座、书画展览等各民族文化交流互鉴活动，弘扬中华民族悠久历史和灿烂文化。上海前后方援疆工作机构邀请上海市多支文艺团队赴喀什交流演出。山西组织文化援疆"十大行动"暨"五个百"系列活动。二是创作推广优质文化作品。组织创作400余件反映少数民族生活、民族间交往交流交融优秀文化作品。上海、江苏、河北等省市打造大型舞台剧《汉家公主》，制作《艾德莱斯出天山》《阿凡提之奇缘历险》等精品剧目，弘扬民族团结的主旋律和正能量。三是持续推进教育援疆。以推进国家通用语言文字教育为基础，补齐软硬件短板为重点，扎实帮助推进学前教育、巩固发展义务教育，大力发展职业教育，帮助受援地改扩建中小学、幼儿园300多所，实施"万名教师支教计划"，选派支教教师帮助提升受援地教师素质，提高办学水平。发放援疆资金过亿元，资助新疆籍内地高校贫困大学生。不断提升职业教育水平，对口援疆省市与自治区或南疆四地州签订了推进南疆四地州技工院校建设合作协议，促进受援地职业教育水平提质增效。湖北、辽宁、天津等省市实施"全链条式""组团式"教育援疆，受援地教育水平进一步提升。

六、开展规划修编和年度执行工作

扎实做好"十四五"援疆规划编制相关工作。经与中央新疆工作协调小组对口支援新疆工作部际联席会议办公室沟通对接，向各受援地州人民政府（行署）明确"十四五"对口援疆规划的项目资金投向、发展重点，制定自治区"十四五"援疆规划编制指导方案，对国家发展改革委关于援疆规划编制的有关政策进行解读，各受援地与各援疆省市多方沟通、修订完善"十四五"对口援疆规划。按照"十四五"对口援疆规划安排，落实好2021年年度计划工作，强化项目推进和落实，对接绩效目标，认真总结评估，优化后续项目进展和落实情况。

七、共同应对突发疫情

2021年，面对新冠肺炎疫情的严峻考验，各援疆省市党委、人民政府把帮助受援地打赢疫情防控阻击战作为重大政治任务纳入本省市疫情防控工作统筹部署，坚持援受两地疫情防控"一盘棋"，帮助新疆打赢了博尔塔拉蒙古自治州阿拉山口市，伊犁哈萨克自治州霍尔果斯市、霍城县、可克达拉市、察布查尔锡伯自治县，乌鲁木齐市疫情防控战，取得了疫情防控和经济发展的双胜利。疫情防控期间，援疆省市通过资金支持、干部队伍派驻蹲点、物流运输调配、核酸检测支援、各类防疫和生活物资调拨等举措，帮助受援地打赢疫情防控战。同时，毫不放松推进援疆各项任务，统筹兼顾受援地经济发展、民生改善、文化旅游振兴等各项工作。各援疆省市前方指挥部持续开展消费促发展活动，线上线下帮助销售受援地特色农产品、特色手工艺品、地域美食，帮助宣传推广受援地的旅游资源，打造旅游新精品，传播特色文化"新声音"，为新疆统筹抓好疫情防控和经济社会发展贡献力量。

第二节　2022 年对口援疆助力新疆经济高质量发展面临的形势与挑战

当今世界正处于百年未有之大变局，国内外发展环境发生了深刻变化，新疆工作也面临新的形势和任务。深入分析国内外发展形势变化对受援地的影响，科学研判受援地面临的机遇挑战，准确把握援受双方比较优势和工作切入点，对顺利开展对口援疆工作、助力受援地经济社会高质量发展具有重大意义。

一、发展环境

从国际环境看，当今世界正经历百年未有之大变局，国际政治、经济、文化、安全等格局发生了深刻调整，保护主义、单边主义、霸权主义上升，"东升西降"态势进一步凸显，不稳定性和不确定性明显增加。随着世界大变局加速深刻演变，在涉边疆、涉民族等问题上，各种风险依然存在，外部挑战逐渐增大。此外，新冠肺炎疫情影响广泛深远，疫情防控压力依然较大，经济全球化遭遇逆流，世界进入动荡变革期，美国等西方反华势力"以疆制华""以恐遏华"变本加厉，境外"东突"势力挟洋自重、不断捣乱滋事，涉疆对外斗争形势更加严峻。

从国内环境看，中国特色社会主义已经进入新时代，我国开启了全面建设社会主义现代化国家的新征程，正加快构建以国内大循环为主体、国内国际双循环相互促进的新发展格局，经济已由高速增长阶段转向高质量发展的新阶段。作为当今世界最大的发展中国家和新兴市场经济体，我国具有超大规模的市场优势和内需潜力，国内经济稳中向好、长期向好的基本趋势没有改变，经济韧性依然强劲。我国发展仍处在重要战略机遇期，社会大局稳定，经济长期向好，物质基础雄厚，人力资源丰富，具有全球最完整、规模最大的工业体系，科技创新能力不断提升，还有包括 4 亿多中等收入群体在内的超大规模内需市场。"十四五"时期，要把满足国内需求作为发展的出发点和落脚点，加快构建完整的内需体系，逐步形成以国内大循环为主体、国内国际双循环相互促进的新发展格局。

从疆内环境看，在第三次中央新疆工作座谈会中，做好新疆工作的指导思想、方针政策和战略举措进一步明确，为建设中国特色社会主义新疆提供了新机遇，开启了新篇章。经过长期不懈努力，新疆社会经济发展和民生改善取得了前所未有的成就，经济发展持续向好，人民生活明显改善，脱贫攻坚取得决定性胜利，实现长期全面稳定的基础不断巩固，扩大改革开放的社会环境持续优化。新疆社会大局持续稳定、长期稳定的基础将不断稳固，稳定红利将持续释放；新型工业化、信息化、城镇化、农业现代化快速发展，以丝绸之路经济带核心区建设为驱动，内陆开放和沿边开放高地建设全面推进，以"三基地一通道"为重点，工业强基增效和转型升级深入推进，推进脱贫攻坚成果同乡村振兴有效衔接，基础设施瓶颈不断突破，城镇化质量全面提升，内生发展动力和发展活力不断增强。

二、形势变化

一是新征程新阶段提出发展新要求。当前是我国全面建成小康社会、实现第一个百年奋斗目标之后，乘势而上，开启全面建设社会主义现代化国家新征程、向第二个百年奋斗目标迈进的起步期，我国将进入新发展阶段。进入新发展阶段，我国将全面贯彻新发展理念，加快构建以国内大循环为主体、国内国际双循环相互促进的新发展格局。紧紧围绕创新驱动发展、优化升级经济体系、构建高水平社会主义市场经济体制、全面推进乡村振兴等重点任务，国家接续出台了一系列政策导向并进行顶层设计，对包含新疆在内的国内各地区新旧动能转换、发展方式转变和经济发展质量提升提出了新的要求。

二是新时代党的治疆方略提出新遵循。站在"两个一百年"奋斗目标历史交汇点上，对口援疆工作也面临着新形势和新任务。中央第三次新疆工作座谈会对新一轮新疆工作进行了总体部署，提出依法治疆、团结稳疆、文化润疆、富民兴疆、长期建疆。国家发展改革委发布的《关于进一步做好"十四五"对口支援西藏新疆和四省涉藏州县经济社会发展规划编制工作的通知》明确提出了"十四五"时期对口支援新疆的要求和重点任务，各地"十四五"援疆规划积极编制，群众性、长效性更加突出，坚持80%以上的资金用于保障和改善民生、用于县及县以下基层地区，坚持长期支援，突出"潜绩"、做出实绩，着力将对口支援工作打造成为加强民族团结的工程。

三是新一轮西部大开发蕴藏发展新机遇。2020年中共中央、国务院出台了《关于新时代推进西部大开发形成新格局的指导意见》，要求强化举措推进西部大开发形成新格局，推动西部地区高质量发展。在第三次中央新疆工作会议上，习近平总书记指出要发挥新疆区位优势，以推进丝绸之路经济带核心区建设为驱动，把新疆自身的区域性开放战略纳入国家向西开放的总体布局中。新疆是丝绸之路经济带核心区的重要门户和"一港、两区、五大中心、口岸经济带"战略布局的重要组成，新一轮西部大开发战略的实施将为内地产业向新疆转移布局提供有利的窗口期，为加快外向型经济发展带来新机遇。

四是乡村振兴战略实施提供发展新动力。实施乡村振兴战略是党的十九大做出的重大决策部署，是决胜全面建成小康社会、全面建设社会主义现代化国家的重大历史任务，是新时代做好"三农"工作的总抓手。《中共中央国务院关于实现巩固拓展脱贫攻坚成果同乡村振兴有效衔接的意见》着力建立健全巩固拓展脱贫攻坚成果长效机制，聚焦脱贫地区发展乡村特色产业、稳定就业、完善基础设施、提升公共服务水平等重点工作，促进农村第一、二、三产业互促互融，推动乡村产业、人才、文化、生态、基层组织全面振兴，全面巩固脱贫攻坚成果，为新疆"三农"发展提供新动力。

五是绿色发展理念激发发展新思路。生态兴则文明兴，生态衰则文明衰。生态文明建设事关"两个一百年"奋斗目标的实现和中华民族永续发展，必须扎实推进，紧盯不放。新疆地广人稀，山地、戈壁、沙漠等不适宜耕作区域占比高，自然生态环境脆弱，污染防治难度大，必须坚持牢固树立和践行

"绿水青山就是金山银山,冰天雪地也是金山银山"的发展理念,坚持"双碳"目标与"高质量"协同发展。坚持严禁"三高"项目进新疆,坚决守住生态保护红线,加快发展节能环保产业、清洁生产产业和清洁能源产业,不断提高农业现代化水平,推进旅游兴疆战略,以生态环境保护促进经济社会高质量发展。

六是第八次全国对口援疆工作会议提出新要求。第八次全国对口支援新疆工作会议指出,要坚持资金项目向民生倾斜、向基层倾斜、向重点地区倾斜,助力受援地巩固拓展脱贫攻坚成果,促进乡村振兴。坚持把智力援疆作为工作重点,拓展"组团式"援疆领域,提高干部人才选派工作质量。坚持产业援疆扎实推进,立足新发展阶段,贯彻新发展理念,找准服务和融入新发展格局的切入点,实施好"十四五"时期产业协作和项目布局,支持受援地增强"造血"功能。坚持文化润疆深入实施,推进新疆优秀地域文化和内地各民族优秀文化交流互鉴,增强文化认同。坚持把促进各民族交往交流交融摆在更加突出的位置,推动疆内外各族人民群众多层次、多领域、多形式往来互动,真正把援疆工作打造成推动发展的工程、民族团结的工程、凝聚人心的工程。

三、困难与不足

2020年以来,对口援疆工作成效显著,但在取得巨大成绩的同时,依然存在诸多困难和不足,需要在后续的工作中谋划举措、认真解决、实践检验。

一是工作落实存在散漫思想。部分受援地对援疆工作在思想上还不够重视,援疆工作主体责任落实不够到位,调整程序不规范,项目实施权责划分不清晰,维护援疆规划的严肃性还不够。特别是认为对口援疆就是援助地的工作,"坐等靠要"被动式接受的思想依然存在,缺乏"互动式"主导思想,影响全局战略的实施,制约着具体工作的落实。

二是工作内容缺乏创新举措。各受援地在落实"促进各民族交往交流交融"重点任务中,创新形式内容、载体平台及增强活动的实效还有待加强;在长期的援疆工作中,按照"固有惯性"开展工作,对于新时期新变化新要求领悟不够;在推进文化润疆工程中,思路不够开阔,缺乏有影响力的活动品牌和工作载体；在促进各民族广泛交往、全面交流、深度交融等方面的举措有待创新。

三是援受双方匹配有待优化。现阶段存在着援受关系匹配不协调、不适应的问题，较为发达地区往往支援新疆较为落后地区，如北京、上海、广东、深圳、天津、江苏、山东等发达省市对口支援南疆四地州，支援地向受援地进行产业转移，但受援地往往不具备承接基础条件和承接能力。支援方将一些科技含量高的末端组装产业布局后，由于受援地产业链条不完善、人才队伍供给不足等原因，发展结果不太理想，与预期目标有所偏差。

四是激励长效机制构建不完善。新时代推进依法治疆、团结稳疆、文化润疆、富民兴疆、长期建疆，仍然要以产业为抓手，推进项目落地"开花结果"。但目前推进产业援疆的机制不健全，各类援疆企业到全疆范围投资兴业的利益分享机制还未建立，在一定程度限制了援疆省市产业资源要素在全疆范围内的自由流动。例如，文化场馆硬件建设得以持续完善升级，但文化产业振兴、人才接续、作品创作和多元化创新发展能力依然薄弱，仍然需要在相当一段时间内培养人才、创作精品、丰富形式，这个过程中所涉及的人才队伍培养、民营投资主体参与、周期性回报激励、产业链构建及延伸完善等利益共同体建设滞后。

第三节　对口援疆持续助力新疆经济高质量发展的对策建议

2022 年是全疆乘势而上，开启全面建设社会主义现代化国家新征程、向第二个百年奋斗目标迈进的第二年。扎实推进对口援疆工作要坚持以习近平新时代中国特色社会主义思想为指导，深入学习贯彻落实党的十九大和十九届历次全会精神，特别是习近平总书记关于新疆工作的重要讲话精神，完整准确贯彻新时代党的治疆方略，贯彻落实党中央、国务院以及自治区党委、人民政府关于援疆工作的决策部署，坚持稳中求进工作总基调，立足新发展阶段，坚持新发展理念，融入新发展格局，紧紧围绕社会稳定和长治久安总目标，坚持以经济发展和民生改善为基础，坚持以凝聚人心为目的，坚持依法治疆、团结稳疆、文化润疆、富民兴疆、长期建疆，助力推进新疆社会治理体系和治理能力建设，提升对口援疆综合效益，努力建设团结和谐、繁荣富裕、文明进步、安居乐业、生态良好的中国特色社会主义新疆。

一、完整准确贯彻落实新时代对口援疆工作的各项部署

完整准确贯彻落实第三次中央新疆工作座谈会精神，坚决把学习贯彻第三次中央新疆工作座谈会精神，特别是习近平总书记重要讲话精神作为当前和今后一个时期的重大政治任务，贯彻落实好第八次全国对口援疆工作会议精神，贯彻落实好自治区党委、人民政府关于新时代对口援疆工作的部署要求，深刻认识做好新疆工作的重大意义，增强"四个意识"，坚定"四个自信"，做到"两个维护"，把思想和行动统一到党中央关于新疆工作的决策部署上来，认真分析新形势下援疆工作的新特点、新要求、新任务，统筹谋划好"十四五"援疆工作，确保党中央的决策部署落到实处。坚持全面援疆、精准援疆、长期援疆，用足用好经济援疆、产业援疆、干部人才援疆、教育援疆、医疗援疆、文化援疆、科技援疆政策，大力实施教育医疗"组团式"援疆，提升对口援疆综合效益。把握好当前和长远、见物和见人、"硬件"和"软件"、"输血"和"造血"、全面和重点的关系，坚持援疆资金项目80%以上向基层倾斜、向保障和改善民生倾斜、向促进各民族交往交流交融倾斜，把对口援疆工作打造成民族团结工程。

二、突出抓好智力援疆

聚焦智力援助，充分调动和发挥支援干部人才的主观能动性，健全有利于支援干部人才任实职、担实责、干实事的制度机制，推动支援干部人才加强调查研究、传帮带等工作。完善柔性引才机制，聚焦受援地区紧缺急需人才，提升支援效能。加强和改进受援地区干部人才培养培训工作，创新方式方法，因地制宜，分层分类开展精准培训，加强受援地区干部人才骨干跟岗培养培训，加强人才合作，以及援受双方科研院校、企业、医疗机构等重大科学专项研究，在产学研合作开发和实用技术推广应用、规划编制、课题研究、科技研发及成果转化、科学考察等方面加强合作。深化"组团式"智力援疆探索。推广复制"组团式"援疆经验，推动教育、医疗、科技、生态环

保、乡村振兴等"组团式"援疆模式进一步向基层延伸，通过开展多种形式结对帮扶、包科共建、专家带徒、短期培训等，着力培育一批当地业务专业骨干，以点带面扩大推广、以组团带动队伍整体提升、以科技引领创新发展，不断提升基层能力水平。进一步扩大"组团式"援疆模式横向应用领域，加大园区管理、特色农业、文化旅游等急需专业人才和产业"小组团"援疆力度。推动"组团式"援疆向线上进一步转化，推动支援地更多学校、医院、科技服务部门与受援地加强网络结对帮扶，用好线上平台，强化线上师徒沟通、带教渠道建设，扩大"组团式"援疆辐射范围。

三、着力做好产业援疆

实施高质量的产业援疆提升工程，用足、用好差异化产业援疆政策，促进东中部组团式、链条式、集群式转移产业。在互利互惠、合作共赢的原则下，通过与援疆省市构建产业发展协作机制，拓展独资、控股、参股等多种多元的合作模式方式，让更多主体来疆投资、兴业发展，鼓励支持援疆省市在疆跨区域建设"飞地园区"，打造高质量产业转移示范园区，促进受支双方企业在经济、信息、技术、人才、平台等方面的交流合作。持续坚持聚焦扩大就业推进产业援疆工作，助力优化受援地产业发展环境，加快推进纺织服装、电子装配、酒店服务等劳动密集型产业及重点园区项目，打造综合性商业体，增加就业岗位。做大做优招商引资工作，帮助受援地引进更多企业来疆投资和进行项目落地。就地就近就业助力农民居家创收，积极推广"总部＋卫星工厂＋农户车间"等就业模式，实现受援地村镇卫星工厂全覆盖，稳定吸纳就业人员。围绕产业项目，推进就业培训和转移就业。帮助受援地建设高技能人才培训基地，组织支援地职业院校"组团式"结对帮扶受援地职业学校进行专业学科建设；积极组织受援地职业院校毕业生与内地企业对接，推进转移就业。

四、持续保障民生促进融合

持续保障和改善民生，聚焦压茬推进乡村振兴发展，重点围绕农牧区、沿边地区乡镇村人民群众的生产生活条件改善，支持农村安全饮水、污水垃圾处理、道路等工程建设和运维，健全基层治理体系和公共安全体系，改善人居环境。完善易地扶贫搬迁集中安置配套设施和服务体系，完善基层公共卫生和医疗服务体系，提升防控救治和医疗服务水平。加强乡镇和村、街道和社区基层党组织阵地以及公共服务、维稳能力、统筹推进乡镇"五小工程"和城乡社区综合服务设施建设，因地制宜发展壮大村级集体经济。促进各民族交往交流交融，进一步加大对促进各民族交往交流交融的资金和工作力量的投入力度，在参与主体和内容领域方面不断丰富拓展，加强形式创新，加速平台载体建设，增强双向交流，组织新疆和支援省市中小学生开展双向参观学习和"手拉手"联谊活动，打造各民族交往交流交融活动的经典品牌。引导和支持新疆少数民族群众到支援省市就学就业，坚持有组织转移南疆富余劳动力到支援省市务工，发挥对口支援制度优势，逐步扩大规模。

五、深入实施文化润疆工程

围绕文化教育支援在援疆工作中的战略作用，深入开展文化润疆工程，重视文化表演、基础教育、职业教育、技能培训等硬件设施建设和软件设备配置，强化教师队伍建设，实施系列文化品牌工程，创新文化援疆新形式，提高文化教育服务社会、改善民生、支撑产业转型升级的能力。鼓励创作推广社会主义核心价值观引领、中华文化浸润、反映少数民族现实生活，以及地区间、民族间交往交流交融的优质文化作品，精心组织受援地区特色文化走出去。深入挖掘受援地区爱国文化资源，帮助受援地区挖掘本地爱国典型，加强和完善基层公共文化服务体系。坚持教育支援优先，以推广普及国家通用语言文字教育为重点，加强和改进教育支援工作。改善乡村办学条件，办好幼儿园和义务阶段寄宿制学校。坚持促进就业、满足市场需求的发展导向，加快现代职业教育体系构建。促进基本公共教育提质增效，通过开展"组团式"支援、运用信息化手段等多种方式，推进优质教育资源扩容下沉至县乡村。

六、丰富对口援疆创新举措

围绕承接产业转移优势和问题，探索建立"产业链援助"新模式。通过支援地和受援地双向研究，共同布局产业链；围绕某一条产业链，建立承接产业转移"链长制"工作领导小组和专家组；打破传统固化的"行政区划一对一"援助模式，打通产业链条各个环节，分工分责，细化分解任务，为产业整体发展打下基础；做好考核评价机制，用好专家队伍智力支持，构建产业发展"骨架"，激发多方参与活力。围绕支援和受援双方需求，打破现有乌鲁木齐和克拉玛依无支援省市现状，充分发挥两地承接产业转移的载体优势，依托具体产业转移需求，谋划在乌鲁木齐—昌吉、克拉玛依—奎屯—乌苏等产业发展基础较强区域率先建立承接产业转移示范区，鼓励各省市单独或联合"组团式"进行产业转移，研究建立支援地和受援地双方风险共担、利益分享机制，探索建立中央和地方财政资金支持承接产业转移机制。做好承接转移产业项目实施方案，加强第三方监督、跟踪和评价。

七、积极开展年度衔接工作

一是筹办第九次全国对口支援新疆工作会议。围绕习近平总书记重要讲话和第三次中央新疆工作座谈会精神，配合中央有关部门筹备好第九次全国对口援疆工作会议有关工作。梳理现阶段援疆工作成效，积极反映需要协调解决的困难和问题。做好组织调研、会议筹备等各项工作，确保会议在疆顺利召开。二是统筹做好对口援疆工作的请示报告、指导协调、综合服务等相关工作。认真做好 2021 年援疆项目年度计划审核对接工作，确保 2021 年援疆计划顺利实施。加强援疆项目调度，及时跟踪和掌握年度援疆项目投资计划下达、资金拨付、项目推进等情况，协调解决项目推进中存在的问题，有序有力推进 2021 年援疆项目建设。三是启动落实好援疆规划的衔接平衡工作。加强与国家、对口支援省市后方工作机构、自治区对口援疆领导小组成员单位的沟通衔接，科学指导各受援地州扎实做好"十四五"规划编制工作，切实把对口援疆工作"五项重点任务"体现在"十四五"援疆规划之中，落实在项目、资金、措施的安排之中，切实做好与自治区"十四五"规划的衔接协调，确保"十四五"援疆规划符合国家、自治区要求，符合援疆工作定位，符合受援地发展实际。

八、继续优化援疆营商环境

针对受援地实际，强化支援地对受援地产业领域的智力支持，推动数字技术在农业、工业、服务业及经济社会治理等方面的应用，助力编制一批重点产业专项规划、方案等，建设若干数字化应用平台，提高产业引导、管理服务水平。围绕重点产业，助力优化营商环境，推动招商引资平台建设，创新方式，共同办好重大招商引资和产业对接活动，创新以商引商、中介招商等精准招商模式，全方位深化与中央企业、国企及民企的合作，引导东中部地区产业有序梯度转移。因地制宜，探索以托管、代管等方式合作共建产业园区、飞地园区，依托既有产业园区进一步强化智力支援和提升软实力。完善专业人才留疆机制，可率先在乌鲁木齐制定开展吸纳高等院校和职业院校毕业生留人示范行动，逐步形成强大的产业人才等各类队伍。加强援疆干部人才支持，每年选派大型企业负责人到新疆各类产业园区挂职任职。允许条件成熟时依托科研院所和大型企业在乌鲁木齐设立科学城，建立产业研发基地。

九、完善对口援疆工作机制

根据新要求和新变化，指导受援地健全完善援疆项目资金管理办法，坚持对口援疆工作联席会议制度，强化对援疆工作的研究与调研，督促援疆项目推进与落实，及时解决援疆项目实施和资金管理过程中存在的问题。配合对口援疆部际联席会议办公室，引导援受双方和自治区各有关部门加强对援疆项目的精细化管理，进一步明确援疆资金双方共同监管的责任，不断健全相互监督、联合推动的工作机制；完善援疆资金区域分配机制，打破援疆资金分配在县级层面的固化现象，建立资金分配的激励约束机制，更加科学合理发挥援疆资金效益。健全完善援疆干部人才激励考核机制，强化考核结果运用，督促指导各援派省市（单位）加强跟踪管理，定期了解援疆干部人才的思想、工作、生活和家庭情况，协调解决困难问题，提早考虑、统筹做好援疆干部人才的返回安置工作，形成良好的激励导向。

十、推广典型经验，营造良好氛围

充分利用广播、电视、报纸，以及网络新媒体和举办新闻发布会等形式，广泛宣传各援疆省市在推进援疆工作中取得的新做法、新模式、新成果、新经验，形成推进对口援疆工作高质量发展的良好氛围。在知识产权保护、政府采购、标准制定、设施环境、科技项目、注册登记等方面，进一步对接高标准贸易和投资规则，大力清理各类体制性、政策性及程序性障碍。积极回应社会关切，加大舆论宣传和监督，强化信息公开、增进透明度，保障市场主体和社会公众的知情权、参与权、监督权。

第十五章
和硕县推进文化润疆的设计与实践

"十四五"时期，和硕县将扎实推进文化润疆，筑牢共同团结奋斗的思想基础，自觉担负起举旗帜、聚民心、育新人、兴文化、展形象的使命任务，坚持以现代文化为引领，正确认识多元与一体的关系，继续完善公共文化服务体系，扩大文化体育和娱乐服务供给，切实满足人民群众日益增长的精神文化需求，打造丝绸之路经济带核心区中通道重要文化节点。

一、推进文化润疆工程的重大意义

文化是民族的血脉，是人民的精神家园。随着人类文明的发展，文化的地位和作用更加凸显，越来越成为民族凝聚力和创造力的重要源泉，越来越成为综合国力竞争的重要因素，越来越成为经济社会发展的重要支撑。当今世界，文化与经济、政治相互交融、相互渗透。文化的力量不仅深深熔铸在民族的生命力、创造力和凝聚力之中，而且越来越成为综合国力和国际竞争力的重要组成部分。国家的发展和强盛，民族的独立和振兴，人民的尊严和幸福，都离不开强大文化的支撑。新疆自古以来就是多民族聚居地区，多种文化包容互鉴、交融贯通，是中华文化不可分割的组成部分，同时丰富了中华文化的深刻内涵。而中华文化则始终是新疆各民族文化发展的深厚土壤，始终是新疆各族人民的精神家园，始终滋养着各族人民的心灵世界。习近平总书记在第三次中央新疆工作座谈会上强调，要深入做好意识形态领域工作，深入开展文化润疆工程。传承发展中华优秀传统文化是文化润疆的题中应有之义，是维护新疆意识形态领域安全、增强各族人民文化认同、铸牢中华民族共同体意识的现实要求，需要我们努力探索其基本路径。深入实施文化润疆工程，探索其发展路径，有利于建设团结和谐、繁荣富裕、文明进步、安居乐业、生态良好的新时代中国特色社会主义新疆。

二、和硕县推进文化润疆工程的设计

（一）实施文化润疆工程

持续深入开展"习近平新时代中国特色社会主义思想进万家"活动，用习近平新时代中国特色社会主义思想武装群众头脑。广泛开展社会主义核心价值观和中国梦宣传教育，持续推进"中华经典诵读工程""广电精品润疆工程"，推动中华文化元素和标志性符号进文化馆、博物馆、图书馆等公共文化机构，进基层文化阵地，进旅游景区。深入贯彻落实《关于新疆若干历史问题研究座谈会纪要》精神，教育引导各族干部群众树立正确的国家观、历史观、民族观、文化观和宗教观。

（二）繁荣发展文化事业和文化产业

完善公共文化服务体系，扩大文化体育和娱乐服务的供给。坚持以社会主义核心价值观引领文化制度建设，加快推进文化事业和文化产业发展。深入实施文化惠民工程，持续开展"三馆一站"免费开放服务。加强公共文化阵地建设，促进基本公共文化服务标准化、均等化，积极打造"15分钟"文化体育服务圈。广泛开展形式多样的群众性文体活动，组织开展自治区文明城市创建活动，增加精神文化产品的供给。引导优质文化资源、文化服务向乡镇、村（队）组倾斜，丰富群众性文化体育活动。健全支持群众性文化体育活动机制，引导群众在文化建设中自我表现、自我教育、自我服务。深入挖掘马兰文化、东归文化、葡萄酒文化等和硕区域特色文化，在金沙滩景区打造一台大型演艺产品。吸引影视公司来拍摄马兰题材影视剧、微视频，全面提升和硕知名度。积极争取上级支持，重启红山核武器试爆中心旧址修复保护项目。加强文物保护利用和优秀文化遗产保护传承，深入挖掘各民族优秀传统文化蕴含的思想观念、人文精神、道德观念，更好以文化人、以文育人。挖掘保护红色文化，弘扬传承革命精神。加强网络空间治理，构建良好网络秩序，唱响网上主旋律，弘扬社会正能量。大力弘扬奉献、友爱、互助、进步的志愿精神，有效调动各种资源和各方面力量，不断创新志愿服务内容和形式。加强基层文化骨干、民间艺人、文化能人的培养。加快文化产业发展，实施一批形式新颖、具有较强体验互动性的文化主题项目，推动文化与旅游、体育、科技、信息等产业融合发展。支持发展特色竞赛表演、健身休闲等体育服务业，发展户外运动、极限体验运动等体育运动项目。多元化投入职业体育，扶持沙滩运动、越野等特色体验运动项目，鼓励支持有条件的体育项目职业化发展。大力推动体育与旅游、赛事表演等相关产业良性互动融合发展，延伸发展体育休闲、体育会展等产业。推动体育产业与电子商务结合，构建覆盖和硕的智慧体育服务网络。

三、铸牢中华民族共同体意识

全面贯彻党的民族政策，坚持各民族一律平等，巩固和发展平等团结互助和谐的社会主义新型民族关系。持续深化民族团结进步宣传教育，将中华民族共同体意识教育纳入干部教育、青少年教育、社会教育，树立正确"五观"，树牢"三个离不开"思想，增进"五个认同"。创新开展"民族团结一结亲"和民族团结联谊活动，画好民族团结"最大同心圆"。丰富民族团结进步创建工作载体，扎实开展民族团结进步创建"十进"，积极争创全国民族团结进步示范县。推动构建互嵌式社会结构和社区环境，促进各民族交往互动、融合发展、共事共乐，鼓励援疆干部与和硕各族干部群众开展活动，深化交往交流交融。

四、积极促进宗教和睦和谐

坚持新疆伊斯兰教中国化方向，"坚持保护合法、制止非法、遏制极端、抵御渗透、打击犯罪的原则"[①]，实现宗教健康发展。坚持用社会主义核心价值观引领宗教，用中华文化浸润宗教，用现代文明影响宗教界人士，积极引导宗教与社会主义社会相适应。广泛开展爱国主义主题教育活动，维护宗教领域的团结稳定。加强对爱国宗教人士的关爱培养。全面贯彻党的宗教信仰自由政策，依法保护宗教人士和信教群众的合法权益，依法保障信教群众的正常宗教需求和正常宗教活动。

五、提高社会文明程度

推进形成适应新时代要求的思想观念、精神面貌、文明风尚、行为规范，提高社会文明程度。推进马克思主义理论研究和建设工程，加强对习近平新时代中国特色社会主义思想和新时代党的治疆方略的学习研究。推动理想信念教育常态化制度化，加强爱国主义、集体主义、社会主义教育，加强党史、新中国史、改革开放史、社会主义发展史教育，加强新疆地方与祖国关系史宣传教育，引导各族群众感恩幸福生活、厚植爱国情怀。实施公民道德建设工程，常态化开展"公民道德建设月"活动。实施文明创建工程，推进新时代文明实践中心建设。加强网络文明建设，培育健康向上、向善的网络文化。

---

① 《宗教事务条例》第一章第三条。

健全志愿者服务体系，广泛开展志愿服务关爱行动。弘扬诚信文化，开展诚信主题创建活动，引导人们诚实劳动，诚信经营。

六、确保意识形态领域安全

牢牢掌握意识形态工作的领导权、主动权、话语权，坚持正确政治方向，落实意识形态工作责任制，深入开展文化润疆工程，不断增强广大干部群众的"五个认同"。加强宣传思想文化阵地建设。充分发挥思政课在课程体系中的政治引领和价值引领作用，深入开展社会主义核心价值观和中华民族伟大复兴中国梦教育。借助电视广播、电脑、手机、多媒体影音、APP 等平台，讲好新时代和硕故事，传播好新时代和硕声音。建好用好教育基地，广泛开展爱国主义、集体主义、社会主义宣传教育活动。持续用好"学习强国"等学习平台。统筹"访惠聚"驻村工作队、"民族团结一家亲"结亲干部等力量，深入推进"四个白皮书"学习宣传，弘扬和培育社会主义核心价值观，增强各族群众"五个认同"。严格履行党委主体责任，严格落实审读工作责任制，压实属地管理和主管主办责任，加强意识形态阵地管理。持续强化"扫黄打非"基层站点规范化标准化建设，深入开展"正道""清风"等专项行动。加强互联网领域党建工作，提升综合治理能力，营造清朗的网络空间。

七、和硕县推进文化润疆工程的实践

和硕县历史悠久，是古代西域三十六国危须城邦国所在地，各民族在长期的交流交往交融过程中，共同创造了具有鲜明地域特色的优秀文化，形成了危须古文化、马兰军旅文化、和硕特蒙古族草原文化、葡萄农耕文化等为代表的文化业态，赛骆驼、蒙古族刺绣、沙吾尔登等一批非物质文化遗产被列入自治区、自治州名录。2021 年以来，和硕县委、县人民政府深入推进"文化润疆"工程，依托"三馆一站"、乡村人大代表联络站、农家书屋、乡村新时代文明实践中心（所、站）等公共文化服务平台，开展了一系列丰富多彩的文化体育活动，丰富了各族群众的业余文化生活，打响了"功勋马兰·多彩和硕"文化旅游品牌。

（一）不断丰富群众文化体育活动

把加强基层文化建设作为加强基层政权建设的重要工作来抓，与"去极端化"工作、"访惠聚"工作紧密结合，广泛开展乡村文体竞赛、迎新春系列文体活动、文化大巴扎、百日文化广场、优秀电影展播等活动，不断丰富各族群众的精神文化生活。圆满完成了乡村百日文体竞赛活动，积极举办和硕县、乡镇等迎新春联欢晚会、农牧民春节联欢晚会、"庆祝中国共产党成立100周年""迎十一国庆""同心同向""喜迎二十大"等系列文化体育活动等大型演出活动，积极组织群众体育和竞技体育活动，如职工运动会、迎新春杯篮球赛、中老年乒乓球比赛等，有效丰富了广大干部群众的业余文化生活。

（二）继续做好新闻出版工作

严格把关，确保正确的政治方向和舆论出版导向，牢牢掌握意识形态工作领导权，旗帜鲜明地反对和抵制各种错误观点。新闻出版工作坚持正确的政治方向和舆论出版导向，坚持先进文化的前进方向，坚持围绕中心、服务大局，牢固树立以人民为中心的工作导向，把新闻出版工作的领导权、管理权、话语权牢牢掌握在手中。组织实施社会主义核心价值观主题出版工作，打造更多蕴含中华传统文化精髓、深受读者欢迎的精品力作；讲述好和硕故事，展示好新疆形象、中国形象，积极推出更多反映当代中国价值观念和人文精神，思想精深、艺术精湛、制作精良的优秀出版物。

（三）稳步推进文化惠民工程

继续实施公共图书馆、文化馆、博物馆、乡镇综合文化站等公共文化设施免费开放。截至2021年底，全县图书馆已开展多种活动丰富群众文化生活，如"4·23"世界读书日活动、"读总书记的书、读总书记读的书"双读活动、"我和孩子快乐阅读"亲子活动、"世界读书日"系列活动等，特别是"数字图书馆"推广活动深受群众喜爱，向流动图书馆更新图书1000余册。同时，积极开展图书免费借阅活动，并为基层文化站、农家书屋提供业务辅导。

（四）不断加强文化遗产保护工作

重点开展县域内自治区级及国家级文物保护单位的日常巡查工作，确保文物安全。不断加强文物看护人员队伍管理，加大看护人员培训力度，举办看护人员业务培训。强化文物建筑消防安全巡查工作，特别是做好对博物馆文物消防安全隐患的排查，发现问题，及时整改，完成了博物馆室内消防设施的更换。同时，提升博物馆展陈软硬件，协助"江格尔的草原"等大型纪录片的拍摄工作。组织文化能人、文艺爱好者组建了"石榴籽"文艺小分队，定期开展宣讲、文化、文艺、朗诵、讲解等培训辅导和展演展示活动，将舞蹈、朗诵、乐器和声乐与传统文化融合，弘扬和传承《江格尔》、萨吾尔登、呼麦等优秀传统文化。

参考文献

［1］鲍桑.乡村产业兴旺背景下农村产业创新"农户、高校、企业"三联合发展机制研究［J］.山西农经，2021（24）：169－170，173.

［2］2021 全国葡萄酒果酒行业年会在青岛召开［J］.中国食品工业，2021（12）：24.

［3］陈俊科，李红，马永仁，王锡波，阿依夏木，沈楠.养殖合作社疫病防控影响因素分析——基于新疆维吾尔自治区的实地调查［J］.黑龙江畜牧兽医，2015（24）：12－15.

［4］陈俊科，李红，王锡波，马永仁.新疆经济—生态—社会系统耦合协调演化研究［J］.节水灌溉，2016（10）：105－108.

［5］陈俊科，马永仁，李捷，陈笑利.畜牧业产业化经营模式典型案例分析——以伊吾县为例［J］.黑龙江畜牧兽医，2018（24）：28－30.

［6］陈铭.促进科技文化交融，推动社会创新发展——评《科技创新与文化建设的理论与实践》［J］.山西财经大学学报，2021，43（12）：133.

［7］陈思，张晓梅.后疫情时代文化旅游产业高质量发展研究［J］.农场经济管理，2022（05）：51－55.

［8］陈笑利，陈俊科，余国新，聂春霞.新疆地区人口—经济—土地系统城镇化耦合协调演化研究［J］.天津农业科学，2019，25（01）：48－52.

［9］陈颖.内蒙古资源型产业转型与升级问题研究［D］.北京：中央民族大学，2012.

［10］崔剑.旅游资源稀缺地区景区开发与运营探析——以宿迁市为例［J］.旅游纵览，2021（15）：152－154.

［11］崔磊.在文化润疆中承续中华优秀传统文化［J］.新疆艺术（汉文），2022（01）：42－46.

［12］崔巍平，陈俊科，李欣.昌吉国家农业科技园区高质量发展存在

的问题及对策研究 [J]. 农村经济与科技, 2022, 33 (08): 67 – 70.

[13] 崔巍平, 陈俊科. 推动新疆工业强基增效和转型升级研究 [J]. 中国经贸导刊（中）, 2021 (12): 20 – 22.

[14] 第八次全国对口支援新疆工作会议召开, 汪洋出席并讲话 [J]. 当代兵团, 2021 (14): 6.

[15] 杜朝晖. 经济新常态下我国传统产业转型升级的原则与路径 [J]. 经济纵横, 2017 (05): 61 – 68.

[16] 杜传忠, 金华旺, 金文翰. 新一轮产业革命背景下突破性技术创新与中国产业转型升级 [J]. 科技进步与对策, 2019, 36 (24): 63 – 69.

[17] 杜宏茹, 唐钰婷, 张紫芸. 新疆干旱区城镇化的地域特征及其高质量发展路径 [J]. 经济地理, 2021, 41 (10): 200 – 206.

[18] 范国元, 张海军, 刘秀海, 薛锋, 潘绪兵. 新疆地区无公害酿酒葡萄高效栽培技术要点 [J]. 农业开发与装备, 2021 (09): 216 – 217.

[19] 费必胜. 以更高的政治站位更大的工作力度推动科技援疆工作再上新台阶 [J]. 今日科技, 2021 (10): 8, 12.

[20] 费洪平. 当前我国产业转型升级的方向及路径 [J]. 宏观经济研究, 2017 (02): 3 – 8, 38.

[21] 付保宗. 当前我国工业转型升级的进展、障碍与对策 [J]. 经济纵横, 2016 (03): 23 – 30.

[22] 戈兴成. 我国数字农业高质量发展路径探析 [J]. 中国国情国力, 2021 (11): 31 – 33.

[23] 关于印发《新疆维吾尔自治区葡萄酒产业"十四五"发展规划》的通知 [J]. 新疆维吾尔自治区人民政府公报, 2021 (Z0): 10 – 29.

[24] 郭俊华, 卫玲, 边卫军. 新时代新常态视角下中国产业结构转型与升级 [J]. 当代经济科学, 2018, 40 (06): 81 – 90, 129.

[25] 郭艳. 全产业链发展现代特色农业 [N]. 山西日报, 2021 – 12 – 16 (005).

[26] 郭艳萍, 刘敏. 基于 POI 数据的山西省旅游景区分类及空间分布特征 [J]. 地理科学, 2021, 41 (07): 1246 – 1255.

[27] 国讯. 奋力开创药监系统对口援疆工作新局面 [N]. 中国医药报, 2021 – 09 – 10 (001).

[28] 韩延彬，赵剑锋．论"文化润疆"背景下的新疆红色文献资源建设与推广 [J]．内蒙古科技与经济，2021 (20)：129 - 131.

[29] 和硕县国民经济和社会发展第十四个五年规划和二〇三五年远景目标纲要 [EB/OL]．和硕县人民政府官网，https：//www. hoxut. gov. cn/index. php/cms/item-view-id-43505. shtml.

[30] 贺兰山东麓葡萄酒系列之六 [J]．朔方，2021 (06)：161.

[31] 湖北省对口支援五师双河市工作队．奋力推进援疆工作迈上新台阶 [J]．当代兵团，2021 (16)：35.

[32] 姬旭辉，叶青．当代资本主义经济研究：发展阶段、危机演变与疫情冲击 [J]．政治经济学评论，2022，13 (03)：144 - 162.

[33] 姬志恒．中国农业农村高质量发展的空间差异及驱动机制 [J]．数量经济技术经济研究，2021，38 (12)：25 - 44.

[34] 纪晓贞．焉耆盆地葡萄酒产区 甘醇美酒酝酿紫色大产业 [N]．巴音郭楞日报（汉），2021 - 09 - 30 (004).

[35] 贾敏．新疆薰衣草产业发展的困境与对策 [J]．农村经济与科技，2015，26 (07)：145 - 147.

[36] 坚定不移深入实施工业强省战略，促进工业经济转型升级提质增效 [J]．理论导报，2021 (09)：35.

[37] 蒋艳玲，永春芳，马永仁，王锡波，陈俊科．基于结构演化的新疆农牧民消费特征分析 [J]．黑龙江畜牧兽医，2017 (04)：25 - 28.

[38] 焦勇，杨蕙馨．政府干预、两化融合与产业结构变迁——基于2003—2014 年省际面板数据的分析 [J]．经济管理，2017，39 (06)：6 - 19.

[39] 焦勇．数字经济赋能制造业转型：从价值重塑到价值创造 [J]．经济学家，2020 (06)：87 - 94.

[40] 金若成，阿德力·阿力甫，姜荣．巴州辣椒机械化生产现状及对策建议 [J]．农机科技推广，2021 (06)：32 - 34.

[41] 靳碧海．发展精细农业 建设精美农村 培育精勤农民 [N]．珠海特区报，2021 - 12 - 27 (003).

[42] 康传坤，文强，楚天舒．房子还是儿子？——房价与出生性别比 [J]．经济学（季刊），2020，19 (03)：913 - 934.

[43] 李成友，刘安然，袁洛琪，康传坤．养老依赖、非农就业与中老

年农户耕地租出——基于 CHARLS 三期面板数据分析 [J]. 中国软科学, 2020 (07)：52 - 64.

[44] 李成友, 孙涛, 王硕. 人口结构红利、财政支出偏向与中国城乡收入差距 [J]. 经济学动态, 2021 (01)：105 - 124.

[45] 李俊红. 文化润疆的时代内涵与治理维度 [J]. 边疆经济与文化, 2022 (03)：93 - 95.

[46] 李立平. 宁夏葡萄酒产业迎来新的发展机遇 [J]. 食品界, 2021 (07)：38 - 39.

[47] 李丽珍, 刘勇, 王晖. 以可持续供应链创新推进传统产业转型升级 [J]. 宏观经济管理, 2020 (11)：44 - 50, 56.

[48] 李群, 闫梦舍, 蔡芙蓉. 工匠精神与制造业高质量发展水平耦合测度：以长三角地区为例 [J]. 统计与决策, 2022, 38 (11)：65 - 69.

[49] 梁小甜, 文宗瑜. 数字经济对制造业高质量发展的影响 [J]. 统计与决策, 2022, 38 (11)：109 - 113.

[50] 林利剑. 资源型城市生态文明建设中的产业转型升级机理——以马鞍山与莱芜为例 [J]. 中国城市研究, 2014 (00)：116 - 125.

[51] 刘春宇. 新疆促进产业转型升级的若干思考 [J]. 中国经贸导刊, 2014 (29)：19 - 23.

[52] 刘贵富. 产业链形成过程研究 [J]. 社会科学战线, 2011 (07)：240 - 242.

[53] 刘建江, 易香园, 王莹. 新时代的产业转型升级：内涵、困难及推进思路 [J]. 湖南社会科学, 2021 (05)：67 - 76.

[54] 刘珂汕. 经济政策不确定性对我国外贸的影响研究——基于中国对外贸易的经验证据 [J]. 现代商业, 2022 (12)：67 - 69.

[55] 刘勇. 新时代传统产业转型升级：动力、路径与政策 [J]. 学习与探索, 2018 (11)：102 - 109.

[56] 刘志彪, 凌永辉. 结构转换与高质量发展 [J]. 社会科学战线, 2020 (10)：50 - 60, 281 - 282.

[57] 龙花楼, 张英男, 刘彦随, 李裕瑞, 王介勇. 中国现代农业与乡村地理学研究进展 [J]. 经济地理, 2021, 41 (10)：49 - 58.

[58] 卢强, 吴清华, 周永章, 周慧杰. 广东省工业绿色转型升级评价

的研究 [J]. 中国人口·资源与环境, 2013, 23 (07): 34 – 41.

[59] 罗其友, 刘洋, 伦闰琪, 张烁. 农业高质量发展空间布局研究 [J]. 中国农业资源与区划, 2021, 42 (10): 1 – 10.

[60] 马文媛, 李培锋. 文化润疆视域下新疆社会稳定和长治久安 [J]. 边疆经济与文化, 2022 (06): 96 – 100.

[61] 墨菲. "聚焦中国焉耆盆地产区"葡萄酒国际专家论坛在京隆重举办——乡都第三代大单品金贝纳组合亮相, 葡萄酒国际专家团集体点赞 [J]. 中国食品, 2021 (12): 64 – 67.

[62] 牛秀敏. 中国 OFDI、技术创新与"一带一路"沿线国家经济增长研究 [J]. 时代经贸, 2021, 18 (12): 75 – 78.

[63] 农业农村部, 工业和信息化部, 宁夏回族自治区人民政府关于印发《宁夏国家葡萄及葡萄酒产业开放发展综合试验区建设总体方案》的通知. 中华人民共和国农业农村部公报, 2021 (06): 14.

[64] 全国生态环境系统"十四五"对口援疆工作会议在乌鲁木齐召开 [J]. 环境与可持续发展, 2021, 46 (05): 161.

[65] 冉鑫. 丝绸之路经济带旅游景区空间分布研究 [J]. 西部旅游, 2021 (07): 10 – 12.

[66] 任保平, 豆渊博. "十四五"时期新经济推进我国产业结构升级的路径与政策 [J]. 经济与管理评论, 2021, 37 (01): 10 – 22.

[67] 任娟娟, 白杨. 新疆高品质旅游景区气候资源特征及空间分布 [J]. 黑龙江科学, 2021, 12 (14): 156 – 159.

[68] 任颖洁. 供给侧结构性改革视角的中国产业转型与升级路径 [J]. 社会科学家, 2020 (08): 82 – 88.

[69] 盛朝迅. 比较优势动态化与我国产业结构调整——兼论中国产业升级的方向与路径 [J]. 当代经济研究, 2012 (09): 63 – 67.

[70] 师博, 任保平. 中国省际经济高质量发展的测度与分析 [J]. 经济问题, 2018 (04): 1 – 6.

[71] 舒伯阳, 蒋月华, 刘娟. 新时代乡村旅游高质量发展的理论思考及实践路径 [J]. 华中师范大学学报（自然科学版）, 2022, 56 (01): 73 – 82.

[72] 宿玉海, 孙晓芹, 李成友. 收入分配与异质性消费结构——基于

中等收入群体新测度 [J]. 财经科学, 2021 (09): 80 -95.

[73] 孙君宏, 刘晨. 乡村振兴视角下中国葡萄酒产业融合发展探析 [J]. 中外葡萄与葡萄酒, 2021 (04): 100 -104.

[74] 孙理军, 严良. 全球价值链上中国制造业转型升级绩效的国际比较 [J]. 社会科学文摘, 2016 (03): 62 -63.

[75] 孙维朕. "文化润疆" 下民族文化发展对策研究 [J]. 中国民族博览, 2021 (20): 64 -66.

[76] 孙永朋, 王美青, 徐萍, 卫新, 毛文琳. 打造新时代浙江农业全产业链升级版的战略思考 [J]. 农业经济, 2021 (12): 3 -5.

[77] 宋瑞, 王瑞婷. 新冠疫情全球大流行背景下的城市旅游: 挑战、应对与启示 [J]. 价格理论与实践, 2022 (06).

[78] 陶晶, 宋新伟. 民族团结进步视域下新时代党的治疆方略的伟大实践 [J]. 新疆大学学报 (哲学社会科学版), 2022, 50 (03): 73 -79.

[79] 田春秀, 张媌姮. 新时代做好生态环境领域对口援疆工作的思考 [J]. 环境与可持续发展, 2021, 46 (05): 31 -36.

[80] 王欢. 2017首届中国香料品牌论坛在京举行 [J]. 农产品市场周刊, 2017 (37): 5.

[81] 王立浩, 张宝玺, 张正海, 曹亚从, 于海龙, 冯锡刚. "十三五" 我国辣椒育种研究进展、产业现状及展望 [J]. 中国蔬菜, 2021 (02): 21 -29.

[82] 王森, 井立军, 刘纪疆, 李战超, 张山清. 基于GIS的新疆沙湾辣椒精细化气候区划 [J]. 湖北农业科学, 2021, 60 (20): 57 -61.

[83] 王晓梅, 何微, 林巧, 杨小薇, 姜微波. 后疫情时代粮食安全现状、问题和对策 [J]. 中国农业大学学报, 2022, 27 (05): 257 -266.

[84] 王晓鸿、赵晓菲. 农业高质量发展水平测度与空间耦合度分析 [J]. 统计与决策, 2021, 37 (24): 106 -110.

[85] 王有江. 芳香疗法在天然香料产业中的地位与作用 [J]. 中国化妆品, 2017 (Z2): 80 -85.

[86] 王右文, 董生忠. 以数字技术应用促进我国经济高质量发展研究 [J]. 学习与探索, 2021 (11): 128 -134.

[87] 魏超. 新冠疫情对进口乳制品供应链的影响与对策 [J]. 中国商

论，2022（09）：11 - 13.

[88] 魏承亿. 全力推动对口援疆工作升级加力 [N]. 兵团日报（汉），2021 - 11 - 14（004）.

[89] 文凭. 关于如何发展新疆精油产业的几点想法 [J]. 农村科学实验，2016（04）：60 - 62.

[90] 吾尔尼沙·卡得尔，刘凤之，刘丽媛. 新疆吐鲁番葡萄产业发展及转型升级建议 [J]. 中国果树，2021（11）：94 - 97.

[91] 新疆巴音郭楞蒙古自治州"民族团结一家亲"活动领导小组办公室. 坚持"四个聚焦"走好文化润疆路 [J]. 中国民族，2022（02）：42.

[92] 新疆维吾尔自治区国民经济和社会发展第十四个五年规划和2035年远景目标纲要 [N]. 新疆日报，2021 - 06 - 03（A10）.

[93] 徐榕，涂维亮. 绿色农业驱动农业高质量发展的影响因素研究 [J]. 安徽农业科学，2021，49（20）：246 - 248.

[94] 许旷，李志，熊洁，梅思源. 对口援疆22年倾注湖北情 [N]. 湖北日报，2021 - 09 - 17（002）.

[95] 杨海滨，邵战林，高雅，杨焕焕，聂旭. 焉耆县辣椒产业化联合体发展研究 [J]. 中国农机化学报，2021，42（07）：229 - 236.

[96] 杨剑桥，李永乐. 后疫情时代中国旅游景区危机事件管理的审视与思考 [J]. 技术与创新管理，2022，43（03）：253 - 258，290.

[97] 杨立勋，高瑜. 西北五省区工业转型升级测度及评价 [J]. 统计与决策，2016（22）：109 - 112.

[98] 杨艳凤，敬莉. 新疆生态环境与农业经济协调可持续发展的时空演化特征 [J]. 河北农业大学学报（社会科学版），2021，23（06）：11 - 24.

[99] 余博，潘爱民. 数字经济、人才流动与长三角地区高质量发展 [J]. 自然资源学报，2022，37（06）：1481 - 1493.

[100] 于辉，闫琰. 农业重大科技基础设施建设现状、问题及优化路径 [J]. 中国农业科技导报，2021，23（11）：17 - 24.

[101] 袁家宝. 文化润疆的推进策略及时代意义 [J]. 才智，2022（06）：144 - 147.

[102] 张海柱，陈小玉，袁慧赟. 中国地方社会治理创新的总体特征与动因——基于"创新社会治理典型案例"（2012 - 2021）的多案例文本分析

[J]．西南大学学报（社会科学版），2022，48（01）：62－73．

[103] 张思佳，李卫华，毛加兴．全球疫情挑战下的人类命运共同体建设 [J]．湖北理工学院学报（人文社会科学版），2022，39（03）：32－39．

[104] 张志鑫，闫世玲．双循环新发展格局与中国企业技术创新 [J]．西南大学学报（社会科学版），2022，48（01）：113－122．

[105] 张治立．援疆综合效益不断提升 [N]．新疆日报，2021－10－07（001）．

[106] 张宗斌，郝静．基于FDI视角的中国制造业结构升级研究 [J]．山东社会科学，2011（05）：151－155．

[107] 中国新疆网．习近平出席第三次中央新疆工作座谈会并发表重要讲话．http：//www．chinaxinjiang．cn/zixun/xjxw/202009/t20200927_653219．htm．

[108] 周鹏飞，沈洋，李爱民．农旅融合能促进农业高质量发展吗——基于省域面板数据的实证检验 [J]．宏观经济研究，2021（10）：117－130．

[109] 曾瑞雪，王谦．疫情治理演化逻辑：从农业社会到信息社会——基于社会系统视角 [J]．西南民族大学学报（人文社会科学版），2022，43（05）：224－232．

[110] 宗延延．疫情常态化背景下乡村旅游服务质量提高研究 [J]．旅游与摄影，2022（08）：14－16．

[111] 邹伏霞．生态旅游景区游客消费偏好调查研究 [J]．玉林师范学院学报，2021，42（04）：97－102．

[112] Li C, Jiao Y, Sun T, Liu A. Alleviating multi-dimensional poverty through land transfer: Evidence from poverty-stricken villages in China [J]. China Economic Review, 2021, 69.

后　记

　　在成书过程中，本书得到了新疆维吾尔自治区党政相关部门领导及业务处室、科研院所专家及学者的大力协助和支持。感谢自治区发展和改革委员会、自治区党委农办、自治区农业农村厅，以及自治区社会科学院、自治区畜牧科学院等部门领导的关心关爱。感谢自治区发展和改革委员会经济研究院邹灵院长，本书成稿出版得益于他主导的一系列新改革举措。感谢经济研究院的各位同事，本书书稿得到了李红副院长、刘悦副院长、刘春宇所长、秦波所长、聂春霞研究员、韩丽萍副研究员、崔巍平博士后、贾兆祥助理研究员、迪力亚·穆合塔尔助理研究员等同事的指导和助力。感谢自治区社会科学院经济研究所宋建华所长、博士后管理办公室张小玲主任，自治区畜牧科学院畜牧业经济与信息研究所王锡波书记、李捷所长、马永仁副主任、苏尤力其米克高级畜牧师。感谢新疆农业大学杨红教授、宋玉兰教授、李敬博士、王娇博士，新疆财经大学张建勋博士，新疆师范大学王乾润博士，石河子大学王盼盼博士，山东财经大学李成友教授，山东师范大学夏清滨副教授等在本书的出版过程中给予的帮助和支持。

　　特别感谢新疆维吾尔自治区社会科学院博士后基金、新疆维吾尔自治区发展和改革委员会经济研究院课题项目的大力资助。书中包含了国家社会科学基金一般项目"产业援疆模式效益评价及优化策略研究（14BJL091）"，新疆维吾尔自治区党委农办"三农"课题项目"新疆农业高质量发展测度与实现路径研究（2020－SNKT－13）"，新疆维吾尔自治区自然科学基金项目"文化润疆背景下文化产业的空间演变及关联黏性研究（2022D01A112）""碳达峰碳中和下新疆绿色现代产业体系构建、演化与政策协同研究（2022D01A111）"，新疆维吾尔自治区社会科学基金重点项目"'十四五'时期新疆经济高质量发展研究（21AZD105）"，新疆维吾尔自治区社会科学基金一般项目"对口援疆助力乡村振兴发展研究（20BJY055）""新疆现代化经济体系战略研究""和硕县国民经济和社会发展第十四个五年规划和2035年远景目标纲要"的阶段性研究成果。

同时，还要感谢经济科学出版社领导及责编老师等在编校成书过程中的热忱帮助。在此，谨向所有给予我帮助的人致以最诚挚的谢意！

陈俊科

2022 年 6 月于乌鲁木齐